AF886384

Guía práctica para planificar la jubilación: Estrategias y consejos ingeniosos para incrementar el ahorro, diversificar las inversiones y planificar para la estabilidad de ingresos, incluso si has empezado tarde.

[Dedicatoria]

Para Bethany, Kristin y Steve—que sus vidas estén llenas de salud, bienestar y felicidad.

Bajo ninguna circunstancia se podrá responsabilizar al editor o autor por daños, reparaciones o pérdida monetaria debido a la información contenida en este libro. El lector es el único responsable por sus propias elecciones, acciones y resultados. Subrayamos la importancia de la responsabilidad personal.

Nota legal:

Nota de descargo de responsabilidad:

El lector debe tener en cuenta que la información contenida en este documento es solo para fines educativos y de entretenimiento. Aunque se ha hecho todo lo posible para presentar información precisa, actualizada y fiable, no se declara ni implica ninguna garantía de ningún tipo. Es importante entender que el autor no está proporcionando asesoramiento legal, financiero, médico o profesional. El contenido de este libro ha sido derivado de varias fuentes, y es aconsejable consultar a un profesional con licencia antes de intentar cualquier técnica descrita en este libro.

Al leer este documento, el lector acepta que el autor no es responsable bajo ninguna circunstancia por las pérdidas —directas o indirectas— que se produzcan como resultado del uso de la información contenida en este documento, por errores, omisiones, inexactitudes, u otras circunstancias.

Límite de responsabilidad y exoneración de garantía

Límite de responsabilidad

La información contenida en este libro se proporciona con fines informativos y educativos solamente. El autor, editor y cualquier otro colaborador de este libro no constituyen ninguna representación o garantía de ningún tipo, expresa o implícita, sobre la integridad, exactitud, fiabilidad, idoneidad o disponibilidad de la información, los productos, servicios o gráficos contenidos en este libro para ningún propósito. Por lo tanto, confiar en dicha información depende estrictamente de su propio criterio.

En ningún caso el autor, el editor o cualquier colaborador será responsable de cualquier pérdida o daño, incluyendo, sin limitación, pérdidas o daños indirectos o consecuentes, o cualquier pérdida o daño que surja de la pérdida de datos o ganancias derivadas de, o en conexión con, el uso de este libro.

Exoneración de garantía

El contenido de este libro se proporciona tal como es, sin ninguna garantía o fianza de ningún tipo, expresa o implícita. El autor y el editor rechazan todas las garantías —expresas o implícitas— de comerciabilidad y aptitud para un propósito particular, entre otras. El autor y la editorial no garantizan que la información en este libro sea exacta, completa o actual.

La planificación financiera y las inversiones entrañan riesgos, incluida la posible pérdida del capital inicial. El rendimiento pasado no es indicativo de los resultados futuros. Las estrategias, métodos e inversiones discutidas en este libro pueden ser adecuadas solo para algunos lectores. Se aconseja al lector que busque asesoramiento profesional antes de tomar cualquier decisión financiera o aplicar las estrategias financieras discutidas en este libro.

El autor, el editor y cualquier otro colaborador de este libro no son responsables por ningún error, omisión o resultado obtenido del uso de la información contenida en este documento. Toda la información en este libro se proporciona con el entendido de que el autor, editor y colaboradores no están involucrados en la prestación de servicios legales, contables, fiscales u otros consejos o servicios profesionales. Como tal, este libro no debe ser utilizado como un sustituto para la consulta con asesores profesionales de contabilidad, impuestos, legales u otros asesores competentes.

Reconocimiento

Al usar este libro, el lector reconoce que ha leído esta limitación de responsabilidad y descargo de garantía de garantía y acepta estar obligado por sus términos y condiciones. Si el lector no está de acuerdo con alguna parte de este aviso legal, no debe usar este libro.

¿Estás ansioso por tomar el control de tu futuro financiero, incluso si has comenzado a planificar tu retiro de manera tardía? No estás solo. Una encuesta de 2024 reveló que uno de cada cinco estadounidenses mayores de 50 años necesita más ahorros para la jubilación. La verdad es que no tiene por qué ser tan estresante.

Presentamos esta *Guía práctica para planificar la jubilación* – una guía integral para asegurar el retiro jubilatorio, incluso si se empieza tarde. Este libro ofrece conocimientos invaluables, soluciones prácticas y recursos para lograr la independencia y estabilidad financiera.

Tabla de contenidos

Introducción

"El retiro no es el fin del camino. Es el comienzo de una autopista abierta". – Desconocido

Muchos de nosotros planificamos cuidadosamente la jubilación; ponemos dinero en nuestros planes 401(k), ahorramos y esperamos que eso sea suficiente. Sin embargo, no importa cuán meticuloso hayas sido o cuan cercano te encuentres a tu jubilación, ahora es el momento de reevaluar el plan y ver si hay alguna pequeña brecha. Y si tu planificación no ha sido tan diligente, hacer una revisión e implementar cambios es necesario. ¿Tu plan incluye suficientes fondos para la atención médica, impuestos, o para afrontar con solvencia cualquier cambio significativo en tu vida? Cualquiera sea tu plan de retiro, no hay mejor momento que el presente para hacer un balance y ajustar, o bien comenzar tu plan de éxito.

Millones de personas cometen errores básicos que podrían evitarse con la orientación adecuada, y este libro está diseñado para ese propósito. Los autores de este libro tienen más de 30 años de experiencia en el campo financiero. Observar a las personas que planean su jubilación, ver cuántos han avanzado poco en el camino hacia un plan integral, y cómo incluso aquellos con un plan sólido podrían ser sorprendidos por los cambios en las circunstancias nos hizo conscientes de que la mayoría de las personas se beneficiarían de una orientación simple en la planificación financiera general y preparación para la jubilación. Ese objetivo se ha convertido en nuestra pasión. Ya sea que tengas encaminada tu planificación de jubilación o recién estés empezando, debes tener un plan claro con metas concretas, y eso no puede suceder sin una sólida comprensión de lo básico. Este libro te ayudará a comprender las complejidades y desafíos que estás enfrentando, dejando al pesimismo de lado, y podrás desarrollar un plan integral de jubilación basado en tu situación financiera actual, las actividades y el estilo de vida que deseas tener luego de tu jubilación.

Guía práctica para planificar la jubilación: Estrategias y consejos inteligentes para incrementar tus ahorros, diversificar tus inversiones y lograr ingresos estables, incluso si has empezado tarde fue escrito para acompañarte en el camino hacia una jubilación segura. Este libro está diseñado para ofrecer más que solo asesoramiento financiero, es un enfoque holístico para prepararte para los años de vejez. Esta guía cubre todo, desde conceptos básicos, como revisar tus cuentas jubilatorias, hasta estrategias avanzadas para administrar las inversiones; desde estimar costos regulares de jubilación, hasta planificar para gastos inesperados. Podrás encontrar secciones que tal vez no te parezcan pertinentes ahora, pero sí luego, y a la inversa; ello dependerá del momento en que te encuentres al leer el libro. Siéntete libre de usar esto como una guía para la información que buscas, y pasa por alto aquellas secciones que son menos relevantes para tu situación (siempre podrás revisarlas cuando lo precises). Sin embargo, creo que todos encontrarán algo útil en los capítulos siguientes.

Lo que hace que este libro se destaque es su enfoque práctico, y esto es especialmente interesante para aquellas personas que llegaron tarde al proceso de planificación. Si es tu caso, o si eres alguien que busca refinar su estrategia existente, el libro te brindará soluciones innovadoras, como el uso eficaz de la tecnología para administrar las finanzas y pasos concretos para ponerte al día y maximizar tus ahorros jubilatorios. Cada capítulo está lleno de consejos prácticos y enlaces a herramientas y aplicaciones para ayudarte a aplicar lo que aprendiste directamente a tu situación.

El libro comienza por aspectos básicos, como la evaluación de la situación actual, compara conceptos básicos de planificación jubilatoria, luego pasa a explorar tácticas de inversión avanzadas, para adaptarse a la naturaleza imprevisible de la vida, como crear flujos de ingresos y la utilización de tecnología para un plan de preparación coherente. El glosario de conocimientos financieros se incluye como apéndice en la parte posterior del libro y constituye una referencia útil para los términos y conceptos financieros. También es importante que cuentes con conocimientos antes de reunirte con un asesor financiero. Este libro te ayudará a hacer eso para que puedas trazar tu curso y diseñar mejor tu retiro.

Tomemos juntos este paso tan importante hacia un futuro donde el estrés financiero será una cosa del pasado, y vivir un buen retiro sea una realidad. Comencemos juntos tu camino hacia la libertad en la jubilación, con claridad y confianza, un camino que te garantice un retiro próspero y estable.

PARTE 1

Capítulo 1: Evaluar tu situación financiera actual

"Y en ese tiempo de tranquilidad, encontró muchas cosas que eran buenas y muchas más que no lo eran". – Buda

¿Realmente conoces el estado de tus finanzas? A menudo, lo que parece ser un ahorro sólido puede contener obligaciones financieras no consideradas o activos infrautilizados que podrían rendir más. El primer paso hacia la seguridad en la jubilación es evaluar los activos y pasivos para ver dónde estás en términos financieros: a esto lo llamamos un chequeo de salud financiera. Es necesario comenzar por comprender cada componente de tu plan financiero, tu potencial de crecimiento y pasivos en general. Este capítulo te guiará a través de una auditoría financiera integral, un ejercicio esencial sin importar tu edad o la etapa en la planificación jubilatoria en la que te encuentres. Al final de este proceso, tendrás una imagen clara de tu salud financiera, lo que te permitirá tomar decisiones informadas que consolidarán tu futuro. No permitas que esto te agobie: es necesario para tener un punto de partida y generar la oportunidad para trazar un plan sólido. Lo importante es que te tomes el tiempo para hacerlo, y este libro está aquí para ayudarte.

1.1 Identifica y clasifica todos los activos y pasivos financieros

Una perspectiva de tus finanzas comienza con un inventario completo de todas tus cuentas. Esto significa no solo cuentas de ahorros y cheques sino también cuentas de ahorro jubilatorio, como 401(k)s, IRAs, carteras de inversión, activos inmobiliarios y cualquier otra posesión o cuenta significativa que contribuya a tu patrimonio neto, así como cualquier deuda, como préstamos para vivienda o automóviles o tarjetas de crédito con saldos pendientes significativos. Tu patrimonio neto es el número que obtendrá una vez que al total de tus activos le restes tus pasivos/deudas. Esta visión holística sentará las bases para tomar buenas decisiones para tu familia y para ti al planificar una jubilación satisfactoria y con libertad financiera. Sin este paso, solo tendrás una visión parcial.

Para agilizar este proceso, recomiendo utilizar una lista de verificación del inventario financiero. A continuación, se muestra un enlace a una herramienta publicada por Charles Schwab. Una herramienta como esta te ayudará a identificar y listar cada cuenta, incluyendo detalles tales como la institución que posee la cuenta y el número de cuenta. Descárgalo y rellénalo, seguramente desees mantener y actualizar una copia según sea necesario: tu albacea (la persona que maneja tu patrimonio) y/o herederos necesitarán esta información.

https://www.schwabmoneywise.com/resource/financial-inventory-worksheet

Luego crea tu propia hoja de trabajo de Excel, la cual actualizarás mensualmente. Debes incluir cada uno de los elementos enumerados anteriormente, pero también el saldo adeudado o debido, la tasa de interés o el rendimiento de la inversión y la accesibilidad de estos fondos. Asegúrate de conocer las reglas sobre retiros de saldo y si hay alguna penalización o interés involucrado. Esta lista de verificación ayudará a delinear un cuadro completo de tus activos y a identificar cualquier cuenta inactiva que puedas tener.

He aquí un ejemplo:

Salud Financiera Hoja de trabajo y Evaluación		Fecha	______	
Cuenta	**Tipo**	**Balance**	**Tasa de interés (Ganado o Cobrado)**	**Líquido (Sí/No)**
Activos:				
Ej. Cheque ABC	Cuenta bancaria			S
Casa	Bienes Raíces			N

Pasivos:				
Tarjeta de crédito ABC	Tarjeta crédito			
Hipoteca				
Otros:				
Póliza de seguros				

Crea una declaración mensual de ingresos y gastos

Esta será otra hoja de cálculo que mostrará las fuentes de ingresos que entran y los gastos que salen. Si haces esto mensualmente, puedes comenzar a planificar cualquier pago extra para saldar una deuda o para ahorrar.

Determina la liquidez de tu ahorro

Una vez que tus cuentas estén claramente establecidas, el siguiente paso es determinar tus activos líquidos para poder compararlos con tus deudas y obligaciones financieras inmediatas. La liquidez significa la rapidez con la que puedes convertir un activo en efectivo sin perder mucho valor. Por ejemplo, tus cuentas de cheques y ahorros son muy líquidas: puedes acceder al dinero en cualquier momento sin penalizaciones. Las acciones, los bonos del tesoro estadounidense, los fondos mutuos, los fondos cotizados en bolsa (ETF) y los fondos indexados, las cuentas del mercado monetario y los certificados de depósito están en una escala inferior pues son un poco más difíciles de convertir en efectivo y pueden implicar cargos. El capital de tu casa y los 401(k) (que tienen reglas estrictas sobre retirar dinero de ellos) no son líquidos. Por cierto, no te preocupes si no tienes todos estos en tu cartera, ya que pueden o no ser adecuados para tu plan. La liquidez es particularmente importante a medida que se acerca el momento de la jubilación, ya que los activos líquidos son esenciales para cubrir gastos inesperados sin incurrir en deudas. Por ejemplo, quieres que los activos líquidos paguen la reparación del coche sin tener que recurrir a una tarjeta de crédito o fondos prestados.

Por eso es vital entender tus obligaciones financieras, tanto las actuales como las futuras, incluyendo todo, desde facturas mensuales y suscripciones hasta compromisos futuros como cuotas de la colegiatura de tus nietos o gastos médicos anticipados. Evaluar la proporción de activos líquidos en relación con estas obligaciones te dará una idea de tu flexibilidad financiera. ¿Estás en condiciones de hacer frente a los costos imprevistos? ¿Tus activos líquidos ofrecen un margen suficiente? Estas son las preguntas que esta evaluación te ayudará a responder.

Hagamos unos simples cálculos (y si ya estás empezando a arrepentirte de este proceso, no te preocupes; muchas herramientas en línea harán los cálculos por ti).

Tasa de liquidez = Dinero (activo líquido) / Gastos mensuales

Ejemplo: 9.000 dólares en efectivo y fácilmente convertidos en activos de efectivo/ 6.000 dólares de gastos mensuales = 1,5. Esto significa que la persona tiene fondos suficientes para pagar los gastos de un mes y medio. Discutiremos esto más adelante, pero una buena regla general es tener al menos tres meses.

Determina tus gastos y ahorro promedio

Un aspecto crítico de la salud financiera es el comportamiento del gasto. Revisar tus gastos del año pasado puede proporcionarte información. Este ejercicio consiste en revisar los estados de cuenta bancarios, las facturas de tarjetas de crédito y los recibos para categorizar a dónde va tu dinero: desde lo esencial, como comestibles y servicios públicos, hasta gastos discrecionales, como salir a comer o pasatiempos.

Esta revisión destaca las áreas en las que podrías necesitar gastar menos dinero y te ayuda a identificar ahorros potenciales sin comprometer la calidad de tu estilo de vida. Por ejemplo, cambiar a un proveedor de servicios diferente para internet o cable podría ahorrarte una cantidad significativa cada mes. Estos ahorros podrían entonces ser redirigidos hacia tus ahorros de jubilación.

Ahora, calcula tu tasa de ahorro: te mostrará el porcentaje de ingresos brutos que estás ahorrando para la jubilación. Suma todo el dinero que ingresa a tus ahorros a largo plazo, incluyendo 401(k), IRA y cualquier otra inversión a largo plazo cada año, y compáralo con tu ingreso.

Tasa de ahorro = (Ahorros anuales + Aportes empleadores) / Ingreso bruto

Casi todos los expertos recomiendan una tasa de ahorro del 20 %, así que tomémoslo como punto de partida. Puedes comenzar con menos cuando eres más joven y deberías ahorrar más en tus años de mayor ganancia, pero como no conozco tu situación, vamos a aplicar el 20 %.

Haz un análisis de ingresos futuros

Por último, proyecta tus ingresos futuros. Esto incluye flujos de ingresos predecibles, como pensiones y beneficios de la seguridad social, e ingresos potenciales de inversiones y propiedades de alquiler. Estas fuentes te ayudan a predecir cuánto puedes esperar recibir de manera confiable durante tus años de jubilación, influyendo en la forma en que manejas tus ahorros e inversiones.

Realizar este examen exhaustivo de tus finanzas puede ayudarte a tomar el control con decisiones informadas y avanzar con confianza. Crearás una lista de tus bienes y deudas al utilizar, por ejemplo, la hoja de trabajo de inventario de Schwab —una versión más detallada como la mostrada en el ejemplo anterior—, y luego una lista de todos tus ingresos mensuales y gastos.

1.2 Entender y manejar las deudas luego del retiro

Ahora, analicemos las características y clasificaciones de deuda. Hay diferentes tipos de deuda: buena, mala y terrible. Comprender las clases de deuda y cómo impactan en la jubilación es esencial para planificar un futuro seguro. La deuda puede influir significativamente en la calidad de tus años de jubilación, y es prudente abordar esta fase de la vida con el menor pasivo posible. Sin embargo, no todas las deudas son iguales y no todas plantean el mismo nivel de riesgo para tu salud financiera.

Clases de deuda

Primero, vamos a desglosar los diferentes tipos de deuda que podrías enfrentar. Las hipotecas, por ejemplo, son una forma de deuda garantizada vinculada a tu propiedad, y a menudo se ven más favorablemente que la deuda no garantizada, como los saldos de tarjetas de crédito o préstamos personales. Esto se debe a que las hipotecas suelen tener tasas de interés más bajas, ofrecen ventajas fiscales potenciales y están respaldadas por un activo significativo que, con suerte, aumenta de valor cada año. Por otro lado, la deuda de las tarjetas de crédito es más riesgosa debido a sus altas tasas de interés y la facilidad con la que se acumula, lo que la convierte en una prioridad máxima para reducir antes de retirarte. Luego están los préstamos para automóviles, préstamos estudiantiles y, posiblemente, deudas médicas, cada uno con sus propias condiciones e impactos en tu estado financiero.

El enfoque estándar y práctico para reducir las deudas consiste en priorizar el pago de aquellas que tienen un interés elevado. Esta priorización es necesaria porque cuanto más rápido elimines la deuda de alto interés, más ahorrarás en los pagos de intereses, liberando recursos para reforzar tus ahorros de jubilación. Esto se llama *el método de la avalancha de deuda*. O puedes considerar pagar las deudas desde la más pequeña hasta la más grande primero, conocido como *el método de la bola de nieve de la deuda*. Este método puede ser psicológicamente gratificante y motivarte a seguir adelante, mientras ves que las deudas desaparecen. Sin embargo, el método de la avalancha de deuda te ahorrará más dinero en intereses con el tiempo, ya que estás atacando la deuda de alto interés primero. De cualquier manera, elige una forma sistemática de reducir la deuda.

Ambas estrategias requieren una evaluación completa de tus deudas, incluyendo tus saldos, tasas de interés y pagos mensuales. Mantén un registro de los pagos recurrentes de suscripción asociados a tus tarjetas de crédito. Puede que tengas cargos regulares por cosas que ya no quieres o necesitas. En tu auditoría financiera anterior, deberías tener cada una de tus tarjetas de crédito listadas en un formato fácil de administrar; por ejemplo:

Fecha:

Nombre del Banco	Límite total del crédito	Saldo total pendiente	Tasa de interés	Cargos habituales	Cuotas restantes

A partir de estos datos, puedes tomar decisiones informadas sobre qué deudas deberás saldar en primer lugar, de acuerdo con tu situación financiera y el impacto en tus planes de jubilación.

Reducir la deuda

Una vez que hayas catalogado todas las deudas, y que tengas un plan para reducirlas, considera negociar con tus acreedores. Muchas personas no saben que a menudo pueden negociar sus tasas de interés, las condiciones de pago o el monto total adeudado. Acercarse a los acreedores puede parecer desalentador, pero 1) es una estrategia común utilizada por prácticamente todos los individuos ricos, y 2) es esencial recordar que los acreedores generalmente prefieren recibir algún tipo de pago en lugar de no recibirlo. Cuando contactes a tus acreedores es recomendable estar preparado y reconocer qué puedes pagar, de forma realista, y que te presentes con una propuesta. Podrías comenzar con: «Estoy revisando mi plan financiero y encuentro difícil cumplir con mis condiciones de pago actuales. Estoy comprometido a pagar mis deudas y me gustaría discutir cómo podríamos ajustar mi plan de pago para lograr este objetivo».

Por último, comprende las implicaciones legales de mantener deudas en tu etapa de retiro. La deuda puede afectar la planificación de la herencia que deseas legar a tus sucesores. Por ejemplo, si falleces con deudas pendientes, tu patrimonio puede ser afectado para el pago de saldos, antes de que el activo se distribuya a tus herederos. Esta situación puede reducir significativamente el valor de la herencia. Además, tu cónyuge, o incluso tus hijos, pueden heredar ciertos tipos de deuda, lo que podría crear una carga financiera para ellos.

Está claro que la gestión de la deuda no es solo liberar más dinero para las contribuciones a la jubilación; también se trata de asegurar un legado financiero para tus seres queridos. La planificación adecuada y la gestión proactiva de la deuda son esenciales para determinar que tu jubilación sea lo más beneficiosa posible y que tu familia no contraiga responsabilidades financieras.

1.3 Tu calificación crediticia y el plan de retiro

Comprender la importancia de tu calificación crediticia es esencial para planificar la jubilación. Una buena puntuación de crédito puede ofrecerte numerosas ventajas financieras: condiciones favorables para refinanciar, obtener préstamos para imprevistos o nuevas oportunidades y, potencialmente, primas más bajas en diversas pólizas de seguro. Esta calificación refleja tu responsabilidad financiera con los posibles prestamistas y aseguradores, lo que afecta a las condiciones y oportunidades disponibles.

Comencemos analizando la importancia de estos aspectos de una buena calificación crediticia. Supongamos que, durante tu retiro, deseas refinanciar la vivienda para reducir los gastos mensuales o ajustarte a una renta fija. Una puntuación de crédito más alta te permite acceder a mejores tarifas, lo que puede reducir significativamente el monto de las cuotas a lo largo del tiempo. De manera similar, una mejor puntuación crediticia puede significar tasas de interés más bajas y condiciones de reembolso más favorables si decide tomar un préstamo para cubrir gastos importantes inesperados (por ejemplo, reparaciones del hogar o gastos médicos). Además, muchos no saben que la puntuación de crédito también puede influir en las primas de seguro. Los aseguradores suelen utilizar una puntuación de seguro basada en el crédito para determinar las primas de seguros de automóviles y propietarios, con mejores puntuaciones que generalmente conducen a primas más bajas. Entonces, ¿qué es un buen puntaje de crédito? En una escala de 300 a 850, esfuérzate por mantener un puntaje de al menos 700.

Cómo obtener tu calificación crediticia

Ahora, ¿cómo se hace para verificar e interpretar el informe de crédito? Todos los adultos, especialmente aquellos que se acercan a la jubilación, deben revisar sus informes de crédito al menos una vez al año. Tienes derecho a un informe de crédito gratuito cada doce meses de cada una de las tres principales agencias de crédito —Equifax, Experian y TransUnion— a través del sitio oficial *https://www.annualcreditreport.com/* . Examina tus informes crediticios con cuidado para detectar inexactitudes o actividades desconocidas al recibirlos. Concéntrate en identificar las cuentas morosas o impagas, y verifica detalles tales como saldos de cuenta y límites de crédito para más certeza. La información mal reportada puede hacer que tu puntaje de crédito baje injustamente. Los elementos que constituyen tu informe de crédito te facultan para tomar las medidas necesarias para mantener o mejorar la solvencia.

Comienza por corregir cualquier imprecisión en tus informes para mejorar la puntuación de crédito. Este proceso implica discutir los errores con la oficina de crédito correspondiente, a través de una carta formal que detalle los errores, acompañada de cualquier prueba que poseas. La oficina está obligada a investigar y rectificar las controversias válidas, normalmente en un plazo de 30 días.

Antes de entrar en aspectos más profundos del puntaje crediticio, ten en cuenta que los pagos atrasados son un pecado capital: haz todo lo posible para no dilatar cuotas, ya sea en servicios públicos, tarjetas de crédito, hipotecas, préstamos de automóviles u otros. Los pagos faltantes pueden arruinar tu calificación. Y si te encuentras en una posición donde creas que no vas a poder afrontar la mensualidad, es preferible contactar a tus acreedores para intentar renegociar la deuda —como ya vimos en la sección 1.2— que atrasarte.

Luego, calcula el ratio de utilización del crédito: esta es la cantidad de crédito que estás usando —la cantidad de deuda que llevas contigo— en comparación con el disponible. Se calcula dividiendo el saldo total de tu tarjeta de crédito por los límites totales de esta. El resultado se expresa como un porcentaje.

Formula: Ratio de utilización del crédito = (El saldo total de tu tarjeta de crédito / Los límites totales de tu tarjeta) × 100

Por ejemplo, si tienes un límite de crédito total de $ 10.000 y tus saldos pendientes son de $ 2.000, tu ratio de utilización del crédito sería: (2.000 / 10.000) * 100 = 20 %.

Una tasa de utilización del crédito más baja es generalmente mejor para tu puntaje de crédito, y muchos expertos recomiendan mantenerla por debajo del 30 %. Esta proporción es un factor importante en los modelos de puntuación crediticia, que afecta tu puntaje y tu capacidad para obtener nuevos créditos. Por lo tanto, trata de mantener una baja tasa de utilización del crédito: procura no utilizar más del 30 % de tu crédito disponible en un momento dado. Una alta utilización del crédito puede indicar a los acreedores que dependes excesivamente del crédito, lo cual afecta negativamente tu puntaje.

Gestionar la calificación crediticia

Otro aspecto a considerar es la cantidad de tarjetas de crédito y préstamos. Aunque entregar tarjetas de crédito no utilizadas o cuentas pagadas parezca prudente para simplificar las finanzas, esto puede reducir tu puntaje de crédito. Cerrar cuentas reduce el crédito total disponible, lo que puede aumentar tu tasa de utilización de crédito, si tienes saldos en otras tarjetas.

Además, el cierre de cuentas antiguas puede acortar el historial crediticio, otro componente clave de la puntuación crediticia. En lugar de eso, considera mantener cuentas abiertas, especialmente si tienen un buen historial de pagos puntuales. Utiliza estas cuentas antiguas con moderación para mantenerlas activas, por ejemplo, registrando un pequeño pago recurrente, como una suscripción o factura de servicios públicos.

Por otro lado, tener muchas tarjetas con crédito disponible no utilizado también puede ser perjudicial: si es tu caso, y tu tasa de utilización del crédito se ve bien, cerrar algunas cuentas de crédito puede ser una buena idea.

Mientras planificas tu jubilación, recuerda que la calificación crediticia es una herramienta que influye en muchos aspectos de tus finanzas. Al administrar de forma activa tu crédito, te aseguras de que siga siendo un pilar sólido que apoye tu libertad y seguridad financiera en tus años dorados.

1.4 Establece objetivos financieros realistas basados en tu situación actual

Aclarar tus metas financieras es crucial para establecer una jubilación segura. No se trata simplemente de establecer aspiraciones, sino de elaborar objetivos concretos y alcanzables que guíen tu conducta financiera y tus procesos de toma de decisiones. Crear un objetivo financieros SMART (*specific,* específico; *measurable*, medible; *achievable*, alcanzable; relevant, relevantes; *time-bound,* con plazos determinados) proporciona un enfoque estructurado que te ayuda a ver tus finanzas de manera precisa y con propósito. Usar las herramientas que ya vimos con anterioridad, que enumeran lo que posees, lo que debes, cuánto dinero recibes y cuánto gastas cada mes, será la base para establecer los objetivos. Puede que te sientas tentado a ignorar la lista —ya que hacerla es trabajoso—, pero sin *afinar el lápiz* y sacar cuentas, no tendrás un punto de partida claro.

Por ejemplo, el objetivo de ahorrar antes de la jubilación. Un objetivo como "empezaré a ahorrar más" no es un plan claro: debe ser específico (la cantidad exacta que deseas ahorrar), medible (puedes y deberías rastrear tu progreso a través de revisiones regulares de cuentas), alcanzable (establecer una cantidad realista basada en tus activos actuales e ingresos), relevante (alineado con tus necesidades financieras más amplias para la jubilación), y limitado en el tiempo (establecido dentro de un marco de tiempo definido, tal vez "para los próximos cinco años" o "a partir de cuando tenga 55"). Este enfoque sistemático garantiza que tus metas sean claras y estén al alcance, reduciendo la sensación de estar abrumado que a menudo acompaña a la planificación financiera.

La cantidad que una persona debe haber ahorrado a los 40 años puede variar dependiendo de varios factores, como el estilo de vida, las metas financieras y los ingresos. Sin embargo, una regla práctica común utilizada por los expertos financieros es haber ahorrado tres veces el salario anual de uno a la edad de 40 años.

Aquí hay un desglose más detallado basado en una persona de 40 años:

1. **Reemplazo de ingresos:** Intenta reemplazar el 70-80 % de tu ingreso anual de prejubilación en la jubilación. Esto puede ser un punto de referencia valioso para determinar cuánto ahorrar en general.
2. **Metas de ahorro:** Para los 40 años, deberías tener aproximadamente el triple de tu salario anual ahorrado.
3. **Factores personales:**
    - **Estabilidad de carrera:** Si tienes una carrera estable, con un salario consistente, puedes ahorrar de manera más constante.
    - **Estilo de vida:** Tu estilo de vida y hábitos de consumo influyen en gran manera en cuánto puedes ahorrar.
    - **Objetivos financieros:** Objetivos financieros, tales como comprar una casa, ahorrar para los estudios o viajar, también impactan en tus ahorros.
4. **Planes de retiro:** Considera cualquier pensión o plan de retiro para mejorar tus ahorros.
5. **Fondo de emergencia:** Mantén un fondo de ahorro para emergencias con el valor para cubrir de 3-6 meses de gastos. Lee el capítulo 5.

Recuerda que estas son directrices generales, y es importante adaptar tu plan de ahorro a las circunstancias. Según los datos de *How America Sales 2023*, de *Vanguard*, el promedio de ahorros para la jubilación de alguien que tiene aproximadamente 40 años es de $ 76.354.

Dado que pueden ocurrir imprevistos a lo largo de la vida, tus metas financieras deben ser flexibles para adaptarse. Ya sea un cambio de empleo, problemas de salud inesperados o nuevas responsabilidades familiares, tales ajustes pueden afectar significativamente tu planificación financiera. Es necesario revisar periódicamente tus metas: considera estas revisiones como un chequeo, que contribuye a que los planes se alineen con tu situación actual y perspectivas futuras. Por ejemplo, el nacimiento de un nieto podría inspirarte a ahorrar para su futura universidad, o una enfermedad repentina podría requerir reorientar los fondos hacia la atención médica. Estos eventos de la vida no deberían desviar tu estabilidad financiera, sino que deben contemplarse en tu estrategia financiera de manera dinámica. John era un hombre de 50 años, relativamente sano cuando le diagnosticaron cáncer y se vio obligado a jubilarse antes por su salud; perdió cuatro años de ingresos de los que dependía su plan inicial. En ese momento, no solo se enfrentaba con problemas de salud, sino que también tenía que ajustar su plan de jubilación para adaptarse a su nueva situación. No sabes la certeza o el momento en que estas situaciones podrían ocurrir, así que tienes que tratar de prever los posibles contratiempos y tener flexibilidad para modificar tus planes si surgen.

Al establecer metas financieras claras y adaptarte a los cambios de la vida, crearás un marco sólido para tu futuro financiero. Recuerda, el objetivo no es solo planificar sino también hacerlo correctamente. Asegúrate que cada decisión financiera te lleve lo más cerca posible de tu futuro deseado. Este método proactivo e informado para administrar tus finanzas tiene como finalidad transformar la preocupación por tus años dorados en un período de paz y disfrute bien merecidos.

Revisión del Capítulo 1:

- Clasificación de activos y pasivos financieros
- Determina tu ratio de liquidez
- Calcula tus gastos mensuales promedio y ahorros
- Estima tus ingresos futuros
- Evalúa tu deuda
- Evalúa tu puntaje de crédito
- Empieza a establecer metas claras para la jubilación

Capítulo 2: Fundamentos de las cuentas de ahorro para la jubilación

"Ahorrar dinero hoy asegura, facilita y embellece el mañana"— Ehsan Sehgal

Ahorrar para la jubilación a veces puede parecer un camino intrincado, con varias opciones y decisiones que pueden afectar significativamente la comodidad financiera más adelante en la vida. Este capítulo explica claramente los pros y contras de los planes 401(k), IRA, pensiones y HSA, para garantizar que puedas tomar la opción más beneficiosa.

2.1 Plan 401(k): Maximizar las contribuciones del empleador

Comprender los programas que se toman en conjunto con el empleador

Un 401(k) es un plan de ahorro para la jubilación patrocinado por un empleador. Permite a los empleados ahorrar e invertir una parte de su cheque antes de descontar los impuestos. Optimizar tu plan 401(k) es una genial idea en el camino hacia una jubilación segura. Para muchos, el 401(k) representa uno de los mecanismos más importantes para el ahorro jubilatorio, gracias a los programas de igualación de empleadores que acompañan a la mayoría de estos planes.

Un programa de aportación paralela es cuando tu empleador contribuye con fondos a tu plan 401(k) de acuerdo con la cantidad que aportas, hasta un cierto porcentaje de tu salario. Esto es a menudo descrito como «dinero gratis», y es un beneficio del que debes sacar provecho al máximo. Otra forma de pensar en los beneficios de este «dinero gratis» es que puede absorber parte, si no toda, de la actividad descendente del mercado. Un ejemplo básico es que tú contribuyes con $ 1.000, y tu empleador añade $ 100; una caída del mercado de valores reduce $ 75 el valor, pero todavía estás $ 25 arriba, y ninguna de tus contribuciones se vio afectada.

Si tu empleador ofrece un 50 % de hasta el 4 % de tu salario y ganas $ 50.000 anualmente, deberías tratar de contribuir al menos con el 4 %, o $ 2.000 anuales, a tu 401(k) —50k x 4 % = $ 2.000. A cambio, tu empleador añadirá $ 1.000 al año a tu cuenta, y con el tiempo, estas contribuciones, combinadas con intereses compuestos, pueden aumentar significativamente tus ahorros para la jubilación. Es crucial que contribuyas al menos lo suficiente para obtener la igualación total ofrecida por tu empleador; si no lo haces, estarás desperdiciando la oportunidad.

Beneficios de las contribuciones prepagas

Aportar a un fondo 401(k) tradicional ofrece beneficios fiscales inmediatos que son demasiado importantes para ignorar. Estas contribuciones se hacen con dólares antes de descontar los impuestos de tu cheque de pago, y ello reduce tu ingreso imponible. Por ejemplo, si tu salario anual es de $ 50.000 y contribuyes con $ 3.000 a tu 401(k), tus ingresos imponibles disminuirán a $ 47.000, lo que podría reducir tu escala impositiva y la cantidad de impuestos que debes pagar en el año. Esta reducción en la renta imponible te proporciona una desgravación fiscal inmediata y permite que más dinero crezca, con interés compuesto e impuestos diferidos, hasta que lo retires en la jubilación.

Contribuciones actualizadas para trabajadores mayores

Si puedes realizar contribuciones mayores y tienes 50 años o más, el IRS ofrece contribuciones de recuperación para que puedas aportar fondos adicionales a tu 401(k) por encima del límite estándar de contribución. Para 2024, el límite estándar es de $ 23.000, con un límite adicional de $ 7.500 para la contribución de recuperación, lo que permite un total de $ 30.500. Estas contribuciones son especialmente ventajosas para quienes han empezado a ahorrar para la jubilación en una etapa tardía de su carrera o desean aumentar sus ahorros a medida que se acercan a la jubilación.

Al aprovechar estas contribuciones de recuperación, puedes aumentar significativamente tus ahorros para la jubilación, y diseñas una red de seguridad financiera más sólida para el futuro. El IRS actualiza estas limitaciones anualmente, así que consulta www.irs.gov para ver los valores vigentes.

Elige las opciones de inversión más adecuadas dentro de los planes 401(k)

Los 401(k) normalmente te permiten elegir entre una variedad de inversiones para tu ahorro. Seleccionar las opciones de inversión adecuadas dentro de tu plan 401(k) puede ser desafiante, pero es fundamental para garantizar que tus ahorros crezcan lo suficiente como para cubrir tus necesidades de jubilación. Los planes bien diseñados ofrecen una gama de opciones de inversión, incluyendo acciones, bonos, fondos mutuos y fondos con plazo fijo. La elección de las inversiones debe estar en línea con tu tolerancia al riesgo y tu horizonte de jubilación, un concepto conocido como asignación de activos. Busca fondos con comisiones bajas y buen rendimiento a largo plazo, entendiendo que el rendimiento a corto plazo no es un indicador fiable.

Encontrar un fondo con comisiones bajas y buen rendimiento a largo plazo requiere algo de esfuerzo, pero vale la pena. Una vez que entiendas tu tolerancia al riesgo (que analizaremos en profundidad en el capítulo 3), utiliza herramientas en sitios financieros de calidad como Morningstar.com, a los cuales puedes acceder gratuitamente. Morningstar ofrece un análisis puramente cuantitativo del rendimiento de un fondo a lo largo del tiempo, en una escala de 5 estrellas. Busca comisiones inferiores al 0,5 % para fondos gestionados y por debajo del 0,2 % para fondos indexados. Los fondos indexados son populares entre los inversores que buscan una estrategia de inversión diversificada, de bajo costo y relativamente baja manutención para obtener rendimientos promedio del mercado. Evita los fondos que cobran tarifas de venta de front-end o back-end (llamadas cargas) y opta por fondos sin cargas. Algunos fondos también cobran tasas administrativas, así que presta atención a las tarifas 12b-1 u otras que puedan aplicarse, ya que todas ellas afectarán tus retornos. Revisa el desempeño histórico de cada fondo en períodos de 5, 10 y 15 años. Estos sitios deben mostrar puntos de comparación para ayudarte.

Ejemplo de búsqueda en Morningstar: seleccionar fondos mutuos de bajo costo y alta performance

- Ve al sitio Morningstar de fondos mutuos.

- Establece filtros para ratios de gastos inferiores al 0,5 % para fondos gestionados activamente o al 0,2 % para fondos indexados.

- Añade filtros para ver la performance histórica de los últimos 5, 10 y 15 años.

- Examina los fondos que cumplen estos criterios y comprueba sus calificaciones y análisis.

Podría ser apropiado para empleados más jóvenes comprar más acciones, pues potencialmente generan más rendimientos y este perfil de ahorristas cuenta con más tiempo disponible para superar la volatilidad del mercado. Sin embargo, a medida que una persona se acerca a la jubilación, generalmente es prudente cambiar hacia inversiones más conservadoras, como los bonos, que son menos volátiles y proporcionan ingresos estables. Los fondos a plazo fijo pueden ser una opción particularmente conveniente, ya que se ajustan automáticamente a la asignación de activos en función de la fecha de retiro prevista.

También es beneficioso revisar y ajustar periódicamente tus opciones de inversión, especialmente después de eventos importantes en tu vida o cambios significativos en el mercado. Este enfoque proactivo te dará certeza de que tu 401(k) continúe cumpliendo con tus necesidades financieras y metas de jubilación, a pesar de las variaciones que puedan ocurrir.

Qué hacer con los fondos de retiro cuando cambias de empleo

Cuando cambias de empresa, puedes dejar los fondos en el 401(k), pero no podrás hacer nuevas contribuciones. Puedes retirarlos y volver a depositarlos en un nuevo plan de jubilación dentro de los 60 días para evitar penalizaciones, o transferirlos a un IRA o a un nuevo 401(k) con un nuevo empleador. La decisión de dejar tus fondos 401(k) con un antiguo empleador depende de varios factores, incluyendo honorarios, opciones de inversión y estrategia general de jubilación. Asegúrate de considerar las opciones de inversión que ofrece el nuevo 401(k) en comparación con las del plan actual. Sopesa los pros y los contras y considera alternativas como transferir a un IRA o al 401(k) de un nuevo empleador para tener la tranquilidad de que tus ahorros de jubilación se gestionen de la mejor manera posible.

Ejemplo comparativo

Aquí hay una mirada a los saldos de la cuenta mediana 401(k) redondeada en 2023 por ingresos. La mediana es un concepto diferente al promedio: es el número medio en una lista de números ordenados del más pequeño al más grande. Por ejemplo, en las listas 2, 3, 5, 7 y 9, la mediana es 5, mientras que el promedio es 4.

Para personas que ganan	**El balance de la media es**
Menos de $ 15.000 al año:	$ 3.700

$ 15.000 – $ 29.999 al año:	$ 6.000
$ 30.000 – $ 49.999 al año:	$ 10.000
$ 50.000 – $ 74.999 al año:	$ 25.000
$ 75.000 – $ 99.999 al año:	$ 51.000
$ 100.000 – $ 149.999 al año:	$ 91.000
$ 150.000 o más al año:	$ 189.000

2.2 IRAs Explicado: Elegir entre Roth y Tradicional

Para determinar los beneficios de las cuentas individuales de retiro (IRA) para un plan de retiro, es necesario entender los diferentes tipos disponibles, principalmente las IRA Roth y las tradicionales. Cada tipo ofrece diferentes ventajas fiscales que pueden influir significativamente en tu plan de retiro, según cómo sea tu situación financiera actual y las necesidades futuras que puedas prever.

Consecuencias fiscales comparativas de Roth vs. IRA tradicional

La diferencia fundamental entre los IRA tradicionales y los de Roth radica en su tratamiento fiscal. Los IRA tradicionales ofrecen crecimiento con impuestos diferidos, lo que significa que las contribuciones se descuentan antes de aplicar impuestos —como un 401(k)— y pagas impuestos sobre los retiros durante la jubilación. Este tipo de cuenta es particularmente beneficiosa si estimas que estarás en un nivel impositivo inferior al jubilarte, ya que pagarías menos impuestos al retirar que los que tendría sobre la renta en el momento de la contribución.

Por el contrario, las cuentas IRA Roth ofrecen un crecimiento libre de impuestos, con aportaciones realizadas con dinero que ya ha sido sometido a impuestos. Esto significa que pagas impuestos por el dinero que aportas ahora, pero todos los retiros que hagas en el futuro, incluidas las ganancias, estarán libres de impuestos siempre que se cumplan determinadas condiciones. Es una buena opción si tienes previsto estar en un rango impositivo más alto cuando te jubiles o si prefieres la seguridad de saber que tus fondos de jubilación no estarán sujetos a impuestos en el futuro, los cuales que pueden llegar a ser impredecibles.

Elegir entre un Roth y un IRA tradicional a menudo se reduce a analizar tu tasa de impuestos actual frente a lo que esperas durante la jubilación. Si prevés una tasa de impuestos más alta en el futuro, un IRA Roth puede ser más beneficioso, mientras que un IRA tradicional podría ser mejor si esperas una tasa de impuestos más baja durante la jubilación.

Límites de la contribución y elegibilidad

Tanto los IRA tradicionales como los de Roth tienen los mismos límites de contribución. Para 2024, puedes contribuir hasta $ 7.000 por año, o $ 8.000 si tienes 50 años o más, lo que permite una contribución recuperatoria.

Sin embargo, la elegibilidad para contribuir a estos IRA y la deducibilidad de estas contribuciones puede variar según sea el ingreso y si la persona o su cónyuge tienen acceso a un plan de jubilación en el lugar de trabajo. Para los IRA tradicionales, si un plan de jubilación no cubre a tu cónyuge ni a ti mismo, puedes deducir el monto total de la contribución, independientemente de los ingresos. Sin embargo, si tu cónyuge o tú están cubiertos, la deducibilidad de las contribuciones se elimina gradualmente a ciertos niveles de ingresos, que el IRS ajusta periódicamente.

Por otra parte, los IRA de Roth no permiten contribuciones deducibles de impuestos y la elegibilidad para contribuir se elimina gradualmente a niveles de ingresos más altos. Puedes estar eximido de contribuir a un IRA Roth si tus ingresos superan el tope. Es esencial revisar los niveles del IRS para determinar si eres elegible para contribuir y qué parte de tu contribución puede ser deducible.

Reglas de retiro y penalizaciones

Las reglas de retiro de los IRA pueden ayudarte a evitar penalizaciones innecesarias y optimizar tus fondos de jubilación. Para los IRA tradicionales, los retiros se permiten sin penalización a partir de los 59 años y medio, y se requiere que comiences a tomar las distribuciones mínimas requeridas a los 73 años si cumpliste 72 después del 31 de diciembre de 2022. Esta norma garantiza que estos ahorros se utilicen para la jubilación y no se transmitan simplemente como herencia.

Los IRA Roth ofrecen más flexibilidad con los retiros. Las contribuciones pueden retirarse en cualquier momento sin impuestos ni penalizaciones porque fueron hechas con dinero después de impuestos. Sin embargo, para retirar ganancias de un IRA Roth sin penalizaciones, la cuenta debe estar abierta al menos cinco años, y debes tener 59 años y medio o cumplir con otros criterios, como usar los fondos para la compra de tu primera vivienda.

Los retiros anticipados de cualquiera de los tipos de IRA antes de los 59 años y medio generalmente implican una penalización del 10 %, además de cualquier impuesto adeudado. Sin embargo, hay excepciones, como gastos médicos significativos, discapacidad, entre otras, que pueden permitir retiros anticipados sin penalización. Comprar tu primera vivienda podría ser una buena razón para usar los fondos de tu cuenta de retiro; en general, no hay muchas razones válidas para comprometer tu seguridad financiera, así que considera esto antes de tomar cualquier decisión.

Oportunidades de conversión estratégica

Una conversión de Roth implica transferir fondos de un IRA tradicional a un IRA Roth y pagar impuestos sobre la cantidad convertida. Esta estrategia puede ser beneficiosa si esperas que la tasa de impuestos aumente, lo que te permitirá pagar impuestos a una tasa más baja que la vigente. Sin embargo, decidir el momento de una conversión es vital, ya que podría empujarte a un tramo impositivo más alto, e incrementar tu nivel de tributación.

Antes de convertir, debes analizar la situación financiera actual, tus expectativas de ingresos futuros y los posibles escenarios fiscales. En algunos casos, la ejecución de conversiones parciales durante varios años puede ser ventajosa para gestionar el impacto fiscal con mayor eficacia. Esta estrategia requiere una planificación cuidadosa, por ello, es recomendable que consultes con un asesor financiero para tener la certeza de que estés alineado con tus objetivos generales de planificación de retiro.

2.3 Las cuentas de ahorro para la salud (HSA) como herramienta de planificación de la jubilación

Las cuentas de ahorro para la salud (HSA) son beneficiosas para gestionar los gastos médicos, pero su utilidad va mucho más allá. Las HSA son un medio apropiado para aquellas personas que están planeando su jubilación, debido a sus ventajas fiscales triples únicas: los aportes son deducibles de impuestos; las ganancias y los retiros por gastos médicos calificados son libres de impuestos. Esta poderosa combinación puede dar solidez a cualquier plan jubilatorio, transformando un HSA de un mero fondo para gastos médicos en una herramienta robusta que mejora tu seguridad financiera en los años posteriores.

Las HSA pueden servir como cuenta complementaria a la jubilatoria. Esto se debe principalmente a sus ventajas fiscales, desatacadas en comparación con la mayoría de las demás cuentas de jubilación. Por ejemplo, a diferencia de los 401(k) o los IRA tradicionales, donde se pagan impuestos diferidos sobre los retiros, los fondos de AHV utilizados para gastos médicos calificados nunca son gravados. Esta característica se torna cada vez más ventajosa a medida que los gastos de salud se incrementan con la edad, lo que hace que los HSA sean una reserva excelente para cubrir esos costos en las jubilaciones libres de impuestos.

Además, después de los 65 años, puedes retirar fondos de un HSA para gastos no médicos sin enfrentar la penalización habitual del 20 %. Sin embargo, pagarás impuestos similares a los de un IRA tradicional. Esta flexibilidad te brinda seguridad financiera adicional, permitiéndote asignar fondos donde más los necesites durante la jubilación.

La elegibilidad para contribuir a un HSA está principalmente vinculada a la inscripción en un Plan de Salud con Deducible Alto (HDHP). Para 2024, el IRS define un plan de HDHP elegible como cualquier plan con un deducible de al menos $ 1.600 para una persona o $ 3.200 para una familia. También es necesario que el plan de salud tenga una cantidad máxima de $ 7.000 para los individuos y $ 14.000 para las familias. Si cumples con estos criterios, puedes aprovechar los beneficios de una HSA. Los límites de contribución para 2024 se fijan en $ 8.050 para las personas y $ 16.000 para las familias. Además, se permite a las personas de 55 años o más hacer una contribución adicional de $ 1.000 dólares en concepto de contribuciones «de recuperación», lo que aumenta aún más la capacidad de los adultos mayores para incrementar sus fondos.

Para encontrar un HSA, puedes buscar proveedores en línea, consultar con tu compañía de seguros de salud para ver si están asociadas con un proveedor de HSA o consultar con tu banco. Asegúrate de saber qué tarifas se cobran, las opciones bancarias, los servicios, las características (por ejemplo, si ofrecen tarjetas de débito y banca en línea) y cómo hacer tus depósitos antes de impuestos a la HSA. Para encontrar fuentes de confianza para cuentas HSA, consulta www.bankrate.com, donde tienen una lista detallada de las opciones más confiables para la accesibilidad, aplicaciones móviles, ofertas bancarias tradicionales, entre otros.

La capacidad de invertir tus fondos HSA amplifica su valor como herramienta de planificación de jubilación. Al igual que con los IRA o 401(k), puedes invertir los fondos de un HSA en varias opciones: fondos mutuos, acciones, bonos o ETFs. Este potencial de inversión significa que los HSA no solo ahorran dinero para futuros gastos médicos, sino que también pueden incrementarse significativamente con el tiempo, gracias al poder del interés compuesto y los rendimientos de la inversión. Sin embargo, la elección de las inversiones debe estar en línea con tu tolerancia al riesgo y el horizonte temporal, hasta que planees utilizar los fondos. Si tu jubilación está cerca, podrías inclinarte hacia inversiones más conservadoras para preservar el capital. Por el contrario, si faltan décadas para tu jubilación, podrías considerar hacer más inversiones orientadas al crecimiento para maximizar los rendimientos a largo plazo.

La creación de fondos sustanciales para el HSA y su uso estratégico en la jubilación requiere previsión y planificación. Una estrategia eficaz es pagar los gastos médicos de tu bolsillo durante tus años de trabajo, si es financieramente posible, permitiendo que tu saldo de HSA crezca y se beneficie de los intereses compuestos. Al no utilizar tu HSA para cada factura médica hoy, preservas su papel como un vehículo de inversión a largo plazo, mientras todavía tienes la opción de reembolsarte esos gastos en cualquier momento futuro, siempre que mantengas buenos registros. Cuando te jubiles, estos fondos acumulados pueden cubrir los costos médicos rutinarios o incluso gastos relacionados con la salud inesperados, teniendo la tranquilidad de que tus ahorros de jubilación principales permanezcan intactos para otras necesidades.

Utilizar los HSA correctamente te permitirá disfrutar de una jubilación más flexible y segura. Como ya vimos, estas cuentas no solo permiten afrontar gastos de salud actuales, sino que pueden ser un valioso componente de una estrategia integral de jubilación, por sus ventajas fiscales y oportunidades de inversión esenciales que optimizarán tus ahorros durante la vejez.

2.4 Planes de pensión y otros beneficios a cargo del empleador

Los planes de pensiones son con frecuencia un pilar esencial para generar ingresos en la etapa de retiro. Presentan varias opciones y consideraciones que pueden influir significativamente en tus finanzas jubilatorias. Por lo general, los planes de pensiones se clasifican en dos tipos principales: planes de prestaciones definidas y planes de aportaciones definidas.

Los planes de prestaciones definidas, tradicionalmente conocidos como pensiones, prometen una prestación mensual determinada al momento de la jubilación. El beneficio a menudo depende de tu salario, años de servicio y una fórmula de beneficios definidos. No está influenciado por los rendimientos de las inversiones individuales, lo que desplaza el riesgo de inversión al proveedor del plan, normalmente tu empleador. Este tipo de plan es menos común hoy en día, pero se valora mucho por su previsibilidad y fiabilidad para proporcionar un flujo de ingresos estable en la jubilación.

Los planes de aportaciones definidas, por otra parte, no prometen una cantidad específica de prestaciones al momento de la jubilación. En cambio, tú o tu empleador (o ambos) contribuyen a tu cuenta bajo el plan, a menudo a una tasa fija, como un porcentaje de tus ganancias. Los beneficios que recibes en última instancia dependen de las contribuciones hechas y del rendimiento de las inversiones. Ejemplos incluyen los planes 401(k), 403(b) y de participación en las ganancias. En este caso, el riesgo de inversión recae principalmente sobre ti, ya que las prestaciones por jubilación dependen del rendimiento del mercado de los fondos aportados.

Una vez que estés familiarizado con el tipo de plan de pensiones que tienes, lo que sigue es entender los beneficios específicos que te provee. Esto implica saber cómo se acumulan tus beneficios con el tiempo. Para los planes de beneficios definidos, es fundamental conocer la fórmula utilizada por tu empleador (que podría ser tan simple como un porcentaje de tu salario promedio multiplicado por tus años de servicio). Para los planes de aportaciones definidas, debes realizar un seguimiento de tu ahorro y estar al tanto de las opciones que afectan la inversión de tus fondos, ya que esto impactará el crecimiento de tus activos de jubilación.

Un aspecto en la gestión de tus beneficios jubilatorios consiste en tomar consciencia de las consecuencias de retirarte temprano o tarde. La jubilación anticipada puede afectar tus beneficios de pensión, por lo general, reduce los beneficios porque el pago debe ser distribuido a lo largo de un período más largo. Por el contrario, retrasar la jubilación puede aumentar tus beneficios de pensión, porque acumulas más y el período de pago es más corto. Cada plan de pensiones tiene sus propias reglas con respecto a la jubilación anticipada o tardía, y es vital entender estas reglas cuando planifiques tu estrategia de retiro. Debes consultar tu plan de pensiones en particular para comprender sus detalles.

Cuando llegue el momento de jubilarte, te enfrentarás a decisiones sobre cómo recibir tus beneficios de jubilación. La mayoría de los planes de prestaciones definidas ofrecen varias opciones de pago. La más común es una anualidad vitalicia, que proporciona un flujo constante de ingresos durante toda la vida. Algunos planes también ofrecen la opción de pago único, en el que recibes todos tus beneficios de una sola vez. Elegir entre una anualidad vitalicia y una suma global puede ser complejo y debe basarse en tu situación financiera, salud y metas de jubilación. Si bien una suma global te da flexibilidad y control sobre tus inversiones, también requiere que administres tus fondos de retiro a lo largo de tu jubilación. Una anualidad vitalicia (que estudiaremos en el capítulo 7) ofrece previsibilidad y seguridad, pues proporciona un ingreso estable, independientemente de las condiciones del mercado.

Integrar tus beneficios de jubilación con otros ingresos de retiro constituye un enfoque estratégico hacia la estabilidad financiera durante la jubilación. Esta integración implica coordinar los pagos de pensiones con las prestaciones de seguridad social, el ahorro personal y las inversiones. Por ejemplo, si tu pensión y seguridad social cubren colectivamente tus gastos básicos de subsistencia, podrías utilizar los retiros de tus ahorros personales o inversiones para gastos discrecionales. Por otro lado, si tus beneficios de pensión son modestos, puede que necesites depender más de los ahorros personales y la renta de inversión para cubrir tus gastos básicos.

Recuerda que tu plan de pensiones, ya sea de prestaciones definidas o de contribución definida, constituye una parte sustancial de tu ingreso por jubilación. Comprender sus detalles te ayuda a preparar un plan de jubilación que asegure la estabilidad de los ingresos y satisfaga las necesidades de tu estilo de vida. En el futuro, exploraremos estrategias de inversión que pueden mejorar aún más tu seguridad financiera en la jubilación, asegurándonos de que aproveches todas las oportunidades para hacer crecer y proteger tus fondos de retiro.

Planes de retiro para empleados autónomos

Si eres un trabajador autónomo, la opción más sencilla es el IRA (ver más arriba por las diferentes clases de IRA).

También puedes establecer un 401(k) por tu cuenta, si no tienes empleados (no se cuenta al cónyuge como empleado). Puedes contribuir hasta el 100 % de tus ingresos, con un límite anual de $ 22.500 para 2024, o $ 30.000 si tienes 50 años o más. Como empleador, puedes aportar hasta el 25 % de tu remuneración. Las contribuciones combinadas de empleado y empleador no pueden exceder $ 66.000 para 2024, o $ 73.500 si tienes 50 años o más. Los beneficios fiscales suelen incluir contribuciones deducibles de impuestos, lo que reduce tu ingreso imponible actual, y las ganancias crecen con impuestos diferidos hasta que las retires en la jubilación. Algunos planes 401(k) de autónomos ofrecen una opción Roth, que permite contribuciones luego de deducidos los impuestos, con retiros libres de impuestos en la jubilación.

Las opciones de inversión son similares a las de los planes 401(k) tradicionales. Los planes 401(k) de autónomos tienen requisitos administrativos mínimos, pero una vez que los activos de tu plan excedan los $ 250.000, deberás presentar un formulario anual 5500 ante el IRS.

Una Pensión Simplificada para Empleados (SEP-IRA) es un plan que te permite contribuir hasta el 25 % de tus ganancias netas por trabajo autónomo, con un límite de $ 69.000 en 2024. Los bancos y otras empresas de inversión ofrecen estos planes aprobados por el IRS; una búsqueda rápida en Google te dará muchas opciones para revisar. Generalmente, estos planes son más fáciles de mantener que un 401(k) para autónomos y tienen un alto límite de contribución, con el beneficio de una administración más sencilla debido a menos papeleo e informes al IRS.

Hay otras opciones también; si eres autónomo, probablemente cuentes con un asesor profesional para asuntos contables y financieros que puede ayudarte a determinar la mejor opción para tu situación.

Revisión del Capítulo 2:

- Revisa la adecuación de tus contribuciones en la cuenta 401(k)
- Asegúrate de que tus contribuciones son suficientes para maximizar la contribución del empleador
- Revisa la adecuación de tus contribuciones al IRA
- ¿Tienes un plan HSA? Si no es así, considera que puede ser una adición sustancial a tus planes

Capítulo 3: Estrategias de inversión para un retiro seguro

"La inversión debería ser más parecida a ver el pasto crecer o ver cómo se seca la pintura. Si quieres adrenalina, toma $ 800 y ve a Las Vegas". – Paul Samuelson

Cuando te acercas al final de tu vida laboral, se vuelve fundamental y muy beneficioso aplicar las estrategias de inversión adecuadas. Este capítulo se enfoca en uno de los aspectos más importantes de la inversión: la asignación de activos. Cuando se ejecuta correctamente, es una estrategia que puede convertir la incertidumbre de la inversión en jubilación en una búsqueda estructurada de tus objetivos financieros. Exploremos cómo puedes optimizar tu cartera de ahorros jubilatorios mediante una asignación inteligente de activos, para garantizar que sea lo suficientemente sólida y solvente tus necesidades futuras, de forma coherente con tu situación financiera actual y tolerancia al riesgo.

3.1 Comprender la asignación de activos y su importancia en el retiro

Definir la asignación de activos

Asignar activos implica distribuir tus inversiones entre varios instrumentos: como acciones, bonos y otros títulos de inversión, de una manera que se ajuste a tu tolerancia personal al riesgo, cronología de inversión y objetivos financieros. La idea central aquí es diversificar y posicionar estratégicamente tu cartera para maximizar los rendimientos mientras se minimiza el riesgo. Esto es esencial, porque la asignación de tus activos influye fundamentalmente en el riesgo y el rendimiento de tu cartera de inversión. Por ejemplo, las acciones suelen ser más arriesgadas y ofrecen un mayor potencial de rendimiento que los bonos, que son más estables, pero proporcionan rendimientos inferiores. Equilibrar estas clases de activos, y ajustar ese balance a lo largo del tiempo según tu calendario de jubilación específico y tus necesidades financieras, hace que la asignación de activos sea un elemento fundamental de la planificación de la jubilación.

Factores que influencian la colocación de acciones

Varios factores deben guiar la manera en que asignas tus activos. La edad es una consideración primordial: a medida que te acercas a la jubilación, tu estrategia de asignación de activos debe centrarse cada vez más en preservar el capital y generar ingresos estables, lo que podría significar una mayor asignación a los bonos y menos a las acciones volátiles. La tolerancia al riesgo es otro factor crítico: ¿cuánto riesgo te sientes cómodo asumiendo? Quienes prefieren evitar el riesgo suelen buscar inversiones más seguras, pero deben aceptar rendimientos medios inferiores. Tus objetivos financieros, ya sea dejar un legado o recibir una jubilación cómoda, también juegan un papel importante en la decisión de cómo distribuir tus inversiones. Por último, las condiciones actuales del mercado pueden afectar tus decisiones de asignación de activos; durante los períodos de recesión económica, es posible que te inclines hacia inversiones más conservadoras para proteger tu cartera de pérdidas excesivas.

Toma tus decisiones de inversión basadas en un análisis exhaustivo de tus necesidades financieras, el tiempo que tienes hasta la jubilación y tu capacidad para soportar períodos de volatilidad en el mercado. Herramientas como el cuestionario de evaluación de riesgos pueden ayudarte a aclarar tus objetivos de inversión y tu tolerancia al riesgo. Además, los asesores financieros pueden ofrecerte información valiosa y orientación adaptada a tus circunstancias específicas, ayudándote a tomar decisiones informadas sobre cómo estructurar tu cartera de inversiones para lograr el mejor equilibrio posible entre riesgo y retorno.

Puedes encontrar cuestionarios de perfil de riesgo en línea; consulta este ejemplo: https://www.forbes.com/advisor/investing/investment-risk-tolerance-quiz/ (No hay respuestas correctas o incorrectas; sigue tu primer instinto).

Estrategias de asignación de activos

A medida que te acercas a la jubilación, un enfoque dinámico para la asignación de activos se vuelve cada vez más importante. Una estrategia efectiva es utilizar fondos a plazo fijo, los cuales ajustan automáticamente la combinación de activos a medida que te acercas a la fecha de jubilación, cambiando gradualmente hacia inversiones más conservadoras. Alternativamente, puedes ajustar manualmente tu asignación de activos, disminuyendo tu exposición a las acciones e incrementando tu inversión en bonos y otras clases de activos menos volátiles a medida que envejeces. Las acciones ofrecen un mayor retorno a largo plazo, pero puedes sufrir caídas dramáticas en el corto plazo, y si no tienes el tiempo necesario para que el mercado de valores se recupere, esto puede obligarte a reducir tu ingreso mensual. El cambio gradual hacia inversiones menos riesgosas con el tiempo es una parte fundamental de la planificación de inversiones, y este ajuste gradual ayuda a gestionar el riesgo. Puede proteger tus ahorros para la jubilación de fluctuaciones significativas en el mercado, y certificar que tu cartera esté alineada con tu menor tolerancia al riesgo y horizonte de inversión más corto.

Considera estas asignaciones y compara tu cartera. La asignación de activos generalmente implica distribuir las inversiones entre diversas categorías, como acciones, bonos y efectivo. Como ya mencionamos, la asignación depende de tu tolerancia al riesgo, tus objetivos de inversión y tu horizonte temporal. Aquí tienes algunos ejemplos de asignaciones estándar de activos para cada década, desde los 40 hasta los 70 años, categorizadas por aversión al riesgo (conservador), riesgo moderado y mayor riesgo:

	Distribución de activos según la tolerancia al riesgo								
	Conservador			**Moderado**			**Mayor riesgo**		
Edad	*Bonos*	*Acciones*	*Efectivo*	*Bonos*	*Acciones*	*Efectivo*	*Bonos*	*Acciones*	*Efectivo*

40	50 %	30 %	20 %	40 %	50 %	10 %	20 %	70 %	10 %
50	60 %	25 %	15 %	50 %	40 %	10 %	30 %	60 %	10 %
60	70 %	20 %	10 %	60 %	30 %	10 %	40 %	50 %	10 %
70	80 %	15 %	5 %	70 %	25 %	10 %	50 %	40 %	10 %

Estas asignaciones pueden ajustarse según las circunstancias personales, los objetivos financieros y las condiciones del mercado. A medida que te acercas a la jubilación, la tendencia general es reducir la exposición a las acciones (que son más volátiles) y aumentar la exposición a los bonos y al efectivo (que suelen ser más estables). Sin embargo, incluso en la jubilación, cierta exposición a las acciones puede ayudar a protegerte contra la inflación y apoyar el crecimiento a largo plazo.

Herramientas y recursos para la asignación de activos

Existen varias herramientas y recursos disponibles para gestionar tu asignación de activos de manera eficaz. Las calculadoras en línea y las aplicaciones de gestión de carteras pueden ser muy valiosas para ayudarte a planificar y mantener tu asignación de activos. Estas herramientas te permiten introducir parámetros, como la edad, los objetivos financieros y la tolerancia al riesgo, y sugerir una combinación de activos que se ajuste a tus necesidades. También te permiten supervisar el rendimiento de tu cartera y reequilibrarla cuando sea necesario para mantener la asignación de activos deseada. Algunas personas prefieren un enfoque al estilo «hazlo tú mismo», y estas aplicaciones hacen que sea mucho más sencillo. Muchos sitios revisan y califican este tipo de aplicaciones y calculadoras.

Otra alternativa es buscar orientación de un asesor financiero que pueda ofrecerte asesoramiento personalizado y perspectivas para ayudarte con la asignación de activos. Es muy recomendable contar con un asesor financiero al gestionar carteras complejas o si se persigue objetivos financieros específicos que requieran estrategias de inversión personalizadas.

3.2 Bonos, acciones y fondos mutuos: construya un portafolio equilibrado

Comprender las características fundamentales de los bonos, acciones y fondos mutuos es esencial para cualquier inversor, especialmente al aproximarse a la jubilación. Cada uno de estos tipos de inversión conlleva ventajas y riesgos específicos, y tu participación en ellos puede afectar significativamente la eficacia de tu estrategia de inversión. Los bonos suelen considerarse una inversión más segura que las acciones, ya que proporcionan ingresos regulares mediante el pago de intereses y suelen tener un menor riesgo de pérdida de capital. Sin embargo, aún pueden ser susceptibles a los cambios en las tasas de interés y al riesgo crediticio, es decir, cuando el emisor no cumple con los pagos.

Las acciones, que representan una parte de la propiedad de una empresa, tienen el potencial de generar rendimientos significativos si la empresa tiene un buen desempeño. Este potencial de altos rendimientos conlleva un mayor riesgo, ya que las acciones están sujetas a fluctuaciones del mercado y cambios económicos que pueden afectar el rendimiento de la empresa. Gestionar estas dinámicas te ayuda a equilibrar el riesgo y la recompensa en tu cartera.

Por otro lado, los fondos de inversión ofrecen una manera de invertir en una cartera diversificada de acciones, bonos u otros valores. Cada accionista participa proporcionalmente en las ganancias o pérdidas del fondo.

Los beneficios de los fondos mutuos, especialmente la diversificación, no pueden subestimarse. Con una sola inversión, los fondos mutuos te permiten poseer una pequeña parte de muchas inversiones que, de otro modo, serían demasiado costosas para adquirir individualmente. Estos fondos son administrados por profesionales de inversión con la experiencia y los recursos para analizar cientos de valores y tomar decisiones de inversión que se alineen con los objetivos del fondo. La posibilidad de aprovechar la gestión profesional y la diversificación hace que los fondos mutuos sean una opción atractiva para muchos jubilados, quienes pueden preferir un enfoque más desapegado en su estrategia de inversión.

Crear una cartera equilibrada implica combinar estos diferentes tipos de inversión para adaptarse a tu situación financiera, tolerancia al riesgo y cronograma de inversión. La clave aquí es la diversificación, no solo entre diferentes acciones, sino también entre diversas clases de activos. Al distribuir tus inversiones entre acciones, bonos y fondos de inversión, puedes mitigar los riesgos inherentes a cada tipo de inversión. Por ejemplo, durante una recesión de los mercados, la estabilidad de los bonos puede ayudar a compensar las pérdidas de las acciones. De manera similar, las tenencias diversificadas en fondos mutuos pueden servir de amortiguador contra la volatilidad del mercado y el impacto de un rendimiento deficiente de una inversión individual. Comprender y aplicar este concepto de diversificación es crucial para gestionar el riesgo de tu inversión.

Las clases de activos son categorías de inversiones con características similares, comportamientos en el mercado y directrices reglamentarias. Los principales tipos de clases de activos son:

1. **Valores (Acciones):**
    - Representan la parte de propiedad en una empresa.
    - Potencialmente pueden dar grandes ganancias, pero también conllevan gran riesgo.
    - Hay acciones comunes, acciones preferenciales y fondos comunes de inversión.
2. **Bonos de renta fija:**
    - Son instrumentos de deuda emitidos por el gobierno, municipalidades o corporaciones.
    - Ofrecen pagos regulares de interés y retorno de capital al vencimiento.
    - Suelen tener menor riesgo que las acciones.
    - Incluye: bonos emitidos por el Estado, bonos corporativos y bonos en fondos mutuos.

3. **Dinero y capital asimilable al dinero:**
    - Alta liquidez, es una inversión a corto plazo.
    - Bajo riesgo y bajo retorno.
    - Incluye cajas de ahorro, divisas extranjeras y títulos del Tesoro.
4. **Bienes raíces:**
    - Incluye las propiedades inmobiliarias físicas y los fondos de inversión inmobiliaria (REITs).
    - Generan ganancias por renta (alquiler) y potencialmente revalorización de la propiedad.
    - Incluye propiedades residenciales, comerciales e industriales.
5. ***Commodities*:**
    - Incluye bienes tangibles, como el oro, petróleo y bienes agrícolas.
    - Los precios pueden ser volátiles y estar influenciados por la oferta y demanda.
    - Pueden comercializarse de manera directa o mediante contratos de futuros.
6. **Inversiones alternativas:**
    - Se trata de activos no tradicionales que no pueden ser calificados en las categorías anteriores.
    - Incluye fondos de cobertura, capital privado, capital de riesgo y objetos de colección (arte, antigüedades).
    - Tradicionalmente son de mayor riesgo y menor liquidez.
7. **Criptomonedas:**
    - Se trata de monedas digitales o virtuales que utilizan la criptografía para la seguridad.

- Son altamente volátiles e involucran un alto nivel de especulación.
- Incluye Bitcoin, Ethereum y otras monedas digitales.

Cada clase de activos tiene características distintas y se comporta de manera diferente en las diversas condiciones del mercado, lo que hace que la diversificación sea una estrategia importante en la planificación de inversiones.

3.3 El papel de los bienes raíces en la inversión para la jubilación

Los bienes raíces ofrecen beneficios únicos que pueden consolidar tus finanzas en el momento del retiro. Los inmuebles son un componente estratégico de un plan de jubilación bien equilibrado, ya que generan ingresos estables por alquiler, se benefician de la revalorización de la propiedad y ayudan a diversificar las inversiones, lejos de los activos vinculados exclusivamente al mercado. A diferencia de las acciones y los bonos, las inversiones inmobiliarias pueden proporcionar activos tangibles que contribuyen a la generación de ingresos y al crecimiento del capital con el tiempo. El atractivo de los bienes inmuebles no reside únicamente en su potencial de apreciación, sino también en su capacidad para generar ingresos continuos, lo que puede resultar particularmente ventajoso como fuente de ingresos estables durante los años de jubilación, cuando el flujo regular de efectivo es primordial.

Al analizar las inversiones inmobiliarias existen varias opciones, cada una con características y beneficios distintos. La propiedad directa, por ejemplo, implica la compra de propiedades residenciales o comerciales. Este tipo de inversión permite un control práctico y el potencial para obtener mayores rendimientos de los ingresos por alquiler, lo que genera una valoración positiva con respecto a las ganancias. Sin embargo, también requiere un compromiso significativo en términos de tiempo y gestión, e implica un capital inicial sustancial. Otra opción es invertir en Fondos de Inversión Inmobiliaria (REIT), que te permiten invertir en carteras de propiedades administradas por profesionales, sin la necesidad de comprar o administrar las propiedades de modo personal. Las REIT ofrecen liquidez similar a las acciones y son conocidas por distribuir la mayor parte de sus ingresos en forma de dividendos, lo que las convierte en una opción atractiva para los inversores que buscan obtener ingresos. Por último, los fondos mutuos ofrecen una forma de invertir en una cartera diversificada de activos inmobiliarios, que puede incluir una combinación de REIT y propiedades directas, junto con otras inversiones relacionadas con bienes inmuebles, es decir, a la diversificación de beneficios se suma la gestión profesional.

Invertir directamente en bienes raíces conlleva una serie de desafíos y consideraciones. La liquidez, como hemos discutido anteriormente, es un factor importante y consiste en la facilidad con la que puedes convertir una inversión en efectivo. Los bienes raíces son menos líquidos que las acciones o bonos, lo que significa que puede tomar más tiempo para venderlos y convertirlos en efectivo. Además, la inversión directa en bienes inmuebles requiere una gestión activa, que incluye el trato con los inquilinos, el mantenimiento de las propiedades y el manejo de las tareas administrativas asociadas a la propiedad. Estas responsabilidades pueden ser importantes y sólo pueden ser asumibles para ciertas personas. Además, los factores del mercado, tales como la economía regional, las tasas de interés y las tendencias del mercado inmobiliario pueden afectar significativamente el rendimiento de tus inversiones inmobiliarias.

La concentración excesiva en cualquier clase de activos, incluidos los bienes raíces, significa una exposición a riesgos más altos, si las condiciones del mercado cambian desfavorablemente. Un enfoque equilibrado, que incluya acciones y bonos, junto con los bienes raíces, puede ayudar a mitigar estos riesgos. Por ejemplo, durante períodos de volatilidad del mercado bursátil, el ingreso estable generado por una propiedad de alquiler puede contrarrestar las fluctuaciones del valor de la cartera. Por el contrario, en períodos de buen rendimiento del mercado, las inversiones en acciones pueden generar un crecimiento que puede superar al de los bienes inmuebles. La diversificación gestiona el riesgo y garantiza que tus inversiones solventen tus necesidades financieras durante toda la jubilación.

Incorporar bienes raíces en una estrategia de inversión para la jubilación requiere planificar de manera cuidadosa y considerar los objetivos financieros generales, también la tolerancia al riesgo y el cronograma de inversión. Cada tipo de inversión inmobiliaria ofrece diferentes beneficios y desafíos, y la combinación correcta para cada persona dependerá de circunstancias específicas y objetivos financieros. Ya sea que optes por la propiedad directa, REIT o fondos mutuales inmobiliarios, los bienes raíces pueden desempeñar un papel fundamental para mejorar tu jubilación. Al comprender las características e implicaciones de cada opción de inversión inmobiliaria e integrarlas estratégicamente en tus finanzas y beneficiarte de los bienes raíces para lograr una estrategia de inversión diversificada y rentable para los años de retiro.

3.4 Explorar las rentas: pros y contras

Las rentas pueden aumentar tu fondo jubilatorio; algunas ofrecen una fuente de ingresos estable y confiable. Aunque las anualidades son complejas y algunas tienen altas tarifas, vale la pena investigarlas para tomar decisiones informadas. Como en todas las inversiones, si los costos asociados son demasiado elevados, disminuirá el rendimiento general. Las rentas se clasifican en fijas, variables e indexadas, y cada tipo tiene características distintas que se adaptan a diferentes necesidades financieras y niveles de tolerancia al riesgo.

Las rentas fijas ofrecen un ingreso garantizado, lo cual es muy conveniente para quienes buscan estabilidad durante la jubilación. Cuando inviertes en una anualidad fija, el proveedor se compromete a pagarte periódicamente una cantidad determinada, sin que las condiciones del mercado influyan. Esta previsibilidad hace que sea una opción atractiva para quienes buscan flujos de ingresos constantes. Por otro lado, las anualidades variables te permiten invertir tus pagos en varias opciones, normalmente fondos mutuos. Los pagos variarán en función del rendimiento de estas inversiones. Aunque las anualidades variables ofrecen el potencial de mayores rendimientos, también conllevan un mayor riesgo, ya que los ingresos están vinculados a las condiciones del mercado. Las rentas indexadas ofrecen un equilibrio entre las opciones fijas y variables. Sus retornos están vinculados a un índice de mercado específico, pero recibirás un pago mínimo garantizado, lo que te brinda seguridad contra caídas en el mercado.

La integración de las rentas en tu plan de jubilación debe equilibrarse con otras fuentes de ingresos para estabilizar tus finanzas. Las rentas anuales pueden proporcionar un ingreso confiable que sirva como base para tus finanzas durante la jubilación, permitiendo que inversiones más volátiles, como acciones o bienes raíces, fluctúen sin poner en peligro tu seguridad financiera general. Por ejemplo, los pagos garantizados de una pensión fija pueden cubrir gastos esenciales, como la vivienda y la atención sanitaria. En cambio, los rendimientos de una anualidad variable podrían destinarse a gastos discrecionales o como una reserva que permita afrontar imprevistos.

Revisión del Capítulo 3

- Realiza un cuestionario de perfil de riesgo
- Revisa la composición de tus activos
- Analiza si los bienes raíces o las rentas anuales son convenientes para tu plan

Parte 2

Capítulo 4: Planificar el gasto médico durante el retiro

"Los planes no son nada; la planificación es todo". – Dwight D. Eisenhower.

Tus necesidades de salud pueden cambiar rápidamente, y los costos asociados con la atención médica pueden convertirse en una parte significativa de tu presupuesto de jubilación. Examinar cómo administrar eficazmente estos gastos a través de Medicare y otras opciones disponibles es un ejercicio que vale la pena. Este capítulo te guiará a través de los detalles de Medicare, ayudándote a tomar decisiones informadas sobre cómo obtener una cobertura integral que se ajuste a tus necesidades de salud y circunstancias financieras.

4.1 Medicare: lo que debes saber

Entender los diferentes aspectos del plan Medicare

Medicare es el pilar de cobertura de salud para la mayoría de los estadounidenses mayores de 65 años. Consta de varias partes, cada una diseñada para cubrir gastos específicos relacionados con la salud. La Parte A, comúnmente conocida como *seguro hospitalario*, cubre la estadía en hospitales, la atención en centros de enfermería especializada, el cuidado en hospicios y algunos servicios médicos a domicilio. La mayoría de las personas no pagan una prima por la Parte A si ellos o su cónyuge han pagado impuestos de Medicare durante un período determinado.

La parte B incluye el seguro médico que cubre los servicios médicos, la atención ambulatoria, los suministros médicos y los servicios preventivos. La Parte B, a diferencia de la Parte A, exige una prima mensual que varía según los ingresos. Las partes A y B se consideran *Medicare original*, que ofrece cobertura directamente del gobierno federal.

La Parte C, o Planes de Ventaja de Medicare, es una alternativa al Medicare original que ofrecen las compañías de seguros privadas aprobadas por Medicare. Estos planes a menudo incluyen todos los beneficios de las partes A y B y pueden proporcionar cobertura adicional, como oftalmología, otorrinolaringología, odontología y/o programas de salud y bienestar. La mayoría también incluye cobertura de medicamentos recetados por Medicare (Parte D).

La Parte D agrega cobertura de medicamentos recetados al Medicare original, algunos planes de costos de Medicare, algunos planes privados de pago por servicio de Medicare y planes de cuentas de ahorros médicos de Medicare. Estos planes son ofrecidos por compañías de seguros y otras empresas privadas aprobadas por Medicare.

Saber cómo funcionan estos aspectos juntos ayudará a tomar decisiones sobre tu cobertura de salud. Por ejemplo, si eliges inscribirte en un plan de Medicare Advantage, es posible que aún tengas que seguir pagando la prima de la Parte B y cualquier prima que el plan pueda cobrar.

Períodos y procedimientos de inscripción

Inscribirse en Medicare en el momento adecuado es clave para evitar cualquier brecha en tu cobertura y prevenir posibles penalizaciones. Tu período de inscripción inicial es un periodo de 7 meses que comienza 3 meses antes de cumplir 65 años y termina 3 meses después del mes en que cumples 65. Si no te inscribes durante este período, puedes hacerlo durante el período de inscripción general, que va del 1 de enero al 31 de marzo de cada año. Sin embargo, podrías tener que pagar una multa por inscripción tardía. Esta penalización podría aumentar tu prima para la Parte B o la Parte D, potencialmente mientras tengas cobertura de Medicare.

Además, si tú o tu cónyuge aún están trabajando y un plan de salud grupal te cubre a través de un empleador, puedes tener la opción de retrasar la inscripción en Medicare Parte B sin penalización. Esta es una decisión financiera estratégica, especialmente si el plan del empleador ofrece beneficios favorables.

Costos y beneficios de Medicare

Los costos asociados con Medicare pueden variar según varios factores, incluidos los planes específicos que elijas y tu nivel de ingresos. La mayoría de las personas pagará una prima estándar por la Parte B, que puede cambiar anualmente. Si tus ingresos superan un cierto umbral, podrías pagar una cantidad de ajuste mensual relacionada con los ingresos, un cargo adicional agregado a tu prima.

Las deducciones, los copagos y el coseguro son otros costos que debes considerar. Por ejemplo, para la Parte B, normalmente pagas el 20 % de la cantidad aprobada por

Medicare para la mayoría de los servicios médicos (incluyendo la mayoría de los servicios como paciente hospitalizado), terapia ambulatoria y equipo médico duradero.

Elegir entre Medicare Original y Medicare Advantage

Decidir entre Medicare Original y Medicare Advantage puede tener consecuencias en la atención médica que recibas y en los costos que pagas. Medicare Original ofrece la flexibilidad de consultar a cualquier médico o especialista que acepte Medicare sin necesidad de derivaciones. Por el contrario, los planes de Medicare Advantage pueden requerir que uses proveedores de atención médica dentro de tu red y, a menudo, requieren que te deriven a especialistas.

Sin embargo, por un costo adicional, los planes de Medicare Advantage también pueden ofrecer beneficios extra que no están cubiertos por Medicare Original, como atención dental o de la vista. Tu elección entre los dos dependerá de tus necesidades de salud, situación financiera y preferencias en cuanto a la flexibilidad del proveedor.

4.2 Seguro médico a largo plazo

El seguro médico a largo plazo cubre las lagunas que no cubre Medicare. A medida que envejeces, la probabilidad de necesitar asistencia con actividades cotidianas o estancias prolongadas en un centro de enfermería aumenta considerablemente. Aunque Medicare es amplio, no cubre la atención de cuidados que sí cubre el seguro de cuidados a largo plazo. Este tipo de seguro cubre servicios que te ayudan con tareas personales básicas de la vida diaria, como bañarte, vestirte o comer. También puede cubrir el tipo de atención que podrías necesitar en un hogar de ancianos o una residencia privada, e incluso puede extenderse a servicios como terapia física o rehabilitación, no para recuperación, sino para mantener tu nivel actual de función.

Al explorar el seguro de cuidado a largo plazo, encontrarás varias opciones de pólizas que afectan tu cobertura y tranquilidad. Las pólizas generalmente varían según la duración y el monto de la cobertura, así como los criterios para calificar para los beneficios. Por ejemplo, algunas pólizas activan los beneficios basados en tu incapacidad para realizar un cierto número de las actividades diarias mencionadas. Comprender estos detalles te ayudará a elegir una póliza que se ajuste a tus necesidades y expectativas. Además, tu edad y estado de salud al momento de la solicitud influirán en tu elegibilidad y en las primas. En general, cuanto más joven y saludable seas cuando adquieras una póliza, más bajas serán las primas. Sin embargo, es esencial considerar la estabilidad financiera y la capacidad de pago del proveedor de seguros, ya que esto afectará la seguridad de tu cobertura a largo plazo.

Los costos asociados con el seguro de atención a largo plazo pueden ser importantes; sin embargo, hay estrategias para que sean más accesibles. Optar por un período de espera más largo antes de que comiencen los beneficios puede reducir tus primas, así como elegir un período de beneficios más corto. Por ejemplo, una póliza que solo ofrece cobertura por tres años será menos costosa que una que te cubra indefinidamente. También es recomendable considerar una póliza con beneficios flexibles, que te permita ajustar el tipo de atención cubierta o la ubicación de la atención, lo cual puede ayudarte a manejar los costos según tus circunstancias.

Para quienes consideran que este tipo de cobertura está fuera de su posibilidad de pago, existen alternativas, como las pólizas híbridas, que pueden ser una opción interesante. Estas pólizas combinan el seguro de vida con el seguro de atención a largo plazo, ofreciendo un beneficio por fallecimiento junto con la posibilidad de usar el valor de la póliza para cubrir los costos de atención a largo plazo. Si no necesitas atención a largo plazo, la póliza paga un subsidio por fallecimiento a tus beneficiarios. Esta doble funcionalidad hace que las pólizas híbridas sean atractivas para quienes buscan flexibilidad y obtener un rendimiento de sus primas. Otras estrategias financieras incluyen la creación de un fondo de ahorro designado para las posibles necesidades de atención a largo plazo o invertir en anualidades, que pueden estructurarse para proporcionar ingresos adicionales en caso de enfermedad crónica o necesidad de atención a largo plazo.

4.3 Plan de seguro médico complementario: ¿lo necesitas?

Medicare, aunque es comprensivo, no cubre todos los gastos médicos. El seguro de salud complementario juega un papel importante aquí, pues sirve como un suplemento para cubrir las situaciones que no abarca Medicare. Los planes de seguro médico suplementario, comúnmente conocidos como Medigap, trabajan junto con tu cobertura de Medicare para ayudar a pagar ciertos costos que Medicare no cubre, como copagos, deducciones y servicios médicos cuando viajas fuera de los Estados

Unidos. Estos planes pueden reducir significativamente los gastos y brindarte tranquilidad, sabiendo que los costos médicos inesperados no afectarán tu estabilidad financiera en la jubilación.

Las pólizas de Medigap están estandarizadas y deben seguir las leyes federales y estatales diseñadas para protegerte. Cada póliza de Medigap debe ser identificada como "Seguro de Suplemento de Medicare". Sin embargo, aunque los beneficios de cada plan estándar de Medigap son los mismos sin importar qué compañía de seguros lo venda, el costo de estos planes puede variar considerablemente. Otro tipo de seguro complementario es el seguro de enfermedad crítica, que proporciona una suma en efectivo para cubrir gastos inesperados asociados con enfermedades graves como cáncer, ataque cardíaco o accidente cerebrovascular.

Evaluar tu estado de salud actual y tu historial médico es clave si consideras contratar un seguro complementario. Piensa en la frecuencia de tus visitas al médico, la medicación que tomas regularmente y cualquier cirugía o tratamiento planeado. También ten en cuenta tu historial de salud familiar y cualquier condición hereditaria que pueda aumentar tu riesgo de ciertas enfermedades. Evaluar estos factores puede ayudarte a determinar el nivel de cobertura que podrías necesitar más allá de lo que ofrece Medicare.

Desde una perspectiva financiera, evalúa los beneficios potenciales frente a los costos de las primas. Aunque el seguro complementario puede aumentar tus gastos mensuales, podría valer la pena si reduce significativamente tu riesgo de enfrentar altas facturas médicas por tratamientos que Medicare no cubre por completo. También es importante considerar cómo estos costos se ajustan a tu presupuesto general de jubilación y si las primas son sostenibles con tus ingresos fijos.

Elegir el plan complementario adecuado requiere comparar cuidadosamente lo que ofrece cada plan y a qué costo. Comienza revisando los detalles de las diferentes pólizas de Medigap. Dado que cada póliza estandarizada de Medigap debe ofrecer los mismos beneficios básicos, el precio y la confiabilidad de la compañía de seguros suelen ser los factores decisivos. Busca planes que equilibren la asequibilidad con una cobertura completa. Asegúrate de leer la letra pequeña y entender lo que está cubierto y lo que no, como las condiciones preexistentes o las limitaciones sobre cómo se pagan los beneficios.

4.4 Estimar el costo en salud durante la jubilación

Varios factores influyen en los costos de la atención médica, lo que ocasiona que haya grandes variaciones de una persona a otra. Naturalmente, la edad juega un papel fundamental: a medida que envejeces, aumenta la probabilidad de necesitar una atención médica más frecuente (y potencialmente más costosa). El lugar de residencia también influye considerablemente en los costos, debido a las variaciones regionales de los precios de los servicios médicos y las opciones de cobertura de seguros. Las condiciones de salud existentes son uno de los factores más decisivos, ya que las enfermedades crónicas o la necesidad de medicación regular pueden llevar a mayores gastos continuos. Además, si hay un historial familiar de ciertas condiciones médicas, estas deben ser consideradas, pues (aunque inciertas) influirán en las necesidades futuras de salud.

Existen varias herramientas y recursos disponibles para realizar un cálculo estimado de costos de seguro de salud durante la jubilación. Las calculadoras en línea proporcionadas por los servicios financieros y organizaciones de salud pueden ofrecer una estimación personalizada basada en las condiciones de salud actual, edad y otros factores relevantes. Estas calculadoras a menudo utilizan amplios conjuntos de datos para predecir la inflación y el aumento de los costos de atención médica, y ofrecen una imagen más realista de lo que se puede esperar gastar. Aquí hay un enlace a una de esas calculadoras, pero hay muchas disponibles con una simple búsqueda en Google, así que prueba varias y compara. https://communications.fidelity.com/wi/tools/retirement-health-care/

Incorporar los costos estimados de la atención médica en el presupuesto de jubilación es esencial para mantener la estabilidad de tus finanzas hacia el final de la vida. Tu HSA puede ser un gran beneficio. Los fondos de estas cuentas pueden estar libres de impuestos para gastos médicos calificados, y son una reserva financiera que ayuda a gestionar los costos de manera efectiva. Además, considerar la segmentación de los ahorros para la jubilación para asignar una porción específica para los gastos de salud puede garantizar que estos costos sean cubiertos sin comprometer otros aspectos de tu estilo de vida. También es aconsejable revisar regularmente esta asignación, y actualizar los cambios en tu estado de salud o el aumento de costos de atención médica, para que tu presupuesto se mantenga alineado con tus necesidades.

Investigar medidas de ahorro en los servicios médicos puede mitigar algunas cargas financieras, por ejemplo, si eliges medicamentos genéricos o utilizas servicios de atención preventiva cubiertos por Medicare para evitar problemas de salud más graves. Estar informado sobre tu cobertura de seguro y aprovechar al máximo los beneficios puede reducir significativamente los gastos.

Mientras te preparas para la siguiente fase de la vida, este enfoque proactivo consolida tus finanzas y te permitirá concentrarte más en disfrutar la jubilación.

Revisión del Capítulo 4

- ¿Eres elegible para Medicare?
- Marca en tu agenda las fechas clave para inscribirte
- Considera si el seguro médico de largo plazo es viable dentro de tu plan de salud de retiro
- Estima los gastos sanitarios de tu retiro

Capítulo 5: Prepararte para lo inesperado

"Al fallar en prepararte, te preparas para fallar". – Benjamin Franklin

En la vida, suceden imprevistos que a veces nos dejan poco tiempo para rediseñar nuestros planes. Esta situación tiene mucho que ver con la planificación de la jubilación, especialmente con las bolas curvas que a menudo pasan por alto y que pueden llegar a su camino cuando desarrollas tu plan de retiro. Así como los jardineros podan y cuidan sus jardines para fomentar el crecimiento y prevenir enfermedades, debes cuidar tus ahorros, garantizar que refleje tus aspiraciones y brinde seguridad a tus seres queridos cuando ya no estés. Este proceso garantiza la integridad de tu herencia y ofrece la tranquilidad de que se cumplirá tu voluntad, no importa qué cambios inesperados tome la vida.

5.1 Planificar la titularidad de la propiedad: asegúrate de que tu última voluntad se respete

Comprender los conceptos básicos de la planificación patrimonial

La planificación de bienes es mucho más que simplemente distribuir la herencia luego de tu fallecimiento. Es un enfoque integral para gestionar tu patrimonio si no puedes hacerlo por ti mismo y dar cumplimiento a tu voluntad cuando ya no estés. Un plan de sucesión bien estructurado incluye varios componentes clave: testamentos, fideicomisos, designaciones de beneficiarios y una comprensión de los impuestos sobre la propiedad.

Cada elemento es fundamental para salvaguardar y transferir los activos de acuerdo con tus deseos.

Un testamento es fundamental: determina la distribución de los activos, y allí puedes nombrar tutores para los niños menores. Los fideicomisos ofrecen más control y eficiencia, potencialmente evitando el proceso de legalización público y a menudo largo. Las designaciones de beneficiarios en cuentas como IRA y pólizas de seguro son igualmente críticas, ya que sustituyen a las instrucciones en los testamentos.

Constitución de fideicomisos para la protección de activos

Los fideicomisos no son solo figuras legales reservadas para los ricos: son herramientas versátiles que pueden beneficiar a casi cualquier persona, pues brindan control adicional, privacidad y seguridad sobre cómo deseas que se manejen tus activos. Existen varios tipos de fideicomisos, cada uno de los cuales sirve a diferentes propósitos. Un fideicomiso de vida revocable, por ejemplo, te permite mantener el control sobre los activos en vida, y puedes estipular cómo deben ser administrados y distribuidos después del fallecimiento. Este tipo de confianza ayuda a evitar la legalización, que puede ser costosa y requerir mucho tiempo. Por otro lado, puedes utilizar fideicomisos irrevocables para retirar efectivamente los activos de tu patrimonio, lo que puede ser beneficioso a efectos fiscales y protección contra los acreedores.

La elección de los fideicomisos depende de las necesidades y objetivos específicos: proteger los activos de las sentencias legales, minimizar los impuestos sobre bienes o garantizar que un miembro de la familia con necesidades especiales sea cuidado. Personaliza tu fideicomiso para abordar estas preocupaciones, mientras aseguras que tus activos se gestionen de acuerdo con tu voluntad, aun cuando ya no puedas supervisarlo por ti mismo.

Elección de los albaceas y fideicomisarios

Seleccionar a las personas adecuadas para ejecutar tu sucesión es tan importante como los documentos que firmarás. Los albaceas y fideicomisarios tienen responsabilidades importantes, desde administrar tu patrimonio hasta garantizar que tus directivas se cumplan. Elige personas que no solo sean de confianza, sino que también tengan la capacidad para liderar asuntos financieros y legales complejos. Además, es aconsejable nombrar suplentes si la persona designada no puede asumir las funciones.

Su rol —administrar activos, pagar deudas, presentar declaraciones de impuestos y distribuir tus bienes conforme a lo dispuesto en el testamento— requiere diligencia e integridad. Discutir tus expectativas con los posibles albaceas y fideicomisarios de antemano puede ayudar a aclarar tus intenciones y les brindará la orientación necesaria para cumplir de manera efectiva.

Revisión y actualización periódicas de los documentos de la herencia

Planificar la sucesión no es una tarea única, sino un proceso dinámico que debe evolucionar a medida que cambian las circunstancias. Las revisiones regulares, al menos una vez cada cinco años o después de eventos importantes en la vida, como el matrimonio, el divorcio, el nacimiento de un hijo o el fallecimiento de un beneficiario, son esenciales para garantizar que tu plan patrimonial se mantenga alineado con tus deseos actuales y con los estándares legales. Los cambios en la ley también pueden afectar tus estrategias de planificación patrimonial, por lo que es fundamental actualizarlas periódicamente para evitar desajustes.

Durante estas revisiones, reevalúa tu elección de albaceas y fideicomisarios para tener la certeza de que siguen estando dispuestos y en condiciones de servir. Reevalúa tus estrategias de distribución de activos para reflejar cualquier cambio en tu situación financiera o relaciones familiares. Actualizar tu plan de sucesión en respuesta a estos cambios mantendrá su eficacia y garantizará que siga cumpliendo tus metas.

Lista de verificación para un plan de revisión sucesoria

Para ayudar en esta revisión, puedes usar esta lista de verificación como guía:

- Revisar la importancia y precisión del testamento y fondos de fideicomiso
- Confirmar las designaciones de beneficiarios en las cuentas y pólizas de seguro.
- Evaluar la idoneidad de los albaceas y fideicomisarios designados.
- Actualizar los documentos legales para cumplir con cambios legales y reflejar circunstancias personales actuales.
- Consultar con un abogado especializado en propiedades para tener la certeza de que todos los elementos de tu plan funcionen armoniosamente.

5.2 La importancia de un fondo para emergencias sólido

En las finanzas, el fondo de emergencia actúa como un guardián, que protege ante dificultades financieras que surgen de modo imprevisto. Este fondo no es simplemente un depósito de dinero, sino un activo estratégico fundamental para mantener la estabilidad y la resistencia financieras. Determinar la cantidad necesaria es más arte que ciencia, y debe ser coherente con tus circunstancias y necesidades. Factores como tus gastos mensuales, el número de personas que dependen de ti y las necesidades específicas de atención médica juegan un papel clave. Por ejemplo, un buen punto de partida es tener de tres a seis meses de gastos de subsistencia como mínimo, lo que constituye una reserva para enfermedades imprevistas o la pérdida repentina del empleo. Sin embargo, si eres el único sostén de la familia o tienes una situación familiar de alta dependencia, optar por una estimación más conservadora, tal vez incluso hasta un año de gastos, podría ser prudente.

La creación y el mantenimiento de un fondo de emergencia puede parecer desafiante, pero se convierte en una meta alcanzable con estrategias sistemáticas. Un método efectivo es tratar tus contribuciones al fondo de emergencia como cualquier otro gasto no negociable: reserva una porción de tu ingreso mensual tan pronto como lo recibas. Automatizar este proceso puede garantizar la regularidad del ahorro y evita la tentación de gastar esos fondos en necesidades menos críticas. Además, las ganancias inesperadas, como reembolsos de impuestos, bonificaciones o herencias no deben traducirse necesariamente en gastos inmediatos. Asignar una parte de estos beneficios inesperados a tu fondo de emergencia puede fortalecerlo significativamente sin afectar tu flujo financiero regular. Al colocar estos fondos, elige cuentas fácilmente accesibles que ofrezcan algún grado de rendimiento, como las cuentas de ahorro de alto rendimiento o los fondos del mercado monetario. Estas opciones proporcionan el equilibrio adecuado entre crecimiento y liquidez, para que tu capital crezca y esté disponible cuando lo necesites.

Cuándo usar tu fondo de emergencias

Utilizar tu fondo de emergencia requiere tanta disciplina como construirlo. Es vital definir qué constituye una *emergencia*. Las verdaderas emergencias son demandas financieras imprevistas y urgentes que no puedes cubrir con tus ingresos o ahorros regulares. Ejemplo: reparaciones importantes en el hogar no cubiertas por el seguro, tratamientos médicos esenciales o gastos cotidianos durante un período de desempleo. Por el contrario, no utilices este fondo para gastos previsibles, como el mantenimiento rutinario del automóvil o renovaciones planificadas en casa. El mal uso de estos fondos en situaciones que no sean emergencias puede agotar tu reserva financiera y dejarte vulnerable cuando ocurra una crisis real.

No se puede exagerar la importancia de integrar tu fondo de emergencia en tu estrategia financiera más amplia. Actúa como una primera línea de defensa, protegiendo otros activos de ser liquidados prematuramente, lo que podría ocasionar pérdidas o sanciones. Por ejemplo, recurrir a los ahorros para la jubilación puede tener importantes consecuencias fiscales y disminuir el crecimiento compuesto que es esencial para los objetivos a largo plazo. Además, una reserva de emergencia bien financiada puede reducir la necesidad de depender de opciones de deuda con intereses elevados, como las tarjetas de crédito o los préstamos personales durante las crisis financieras, ayudando así a una mejor gestión de la deuda. Esta estratificación estratégica de protecciones financieras garantiza que estés preparado para las emergencias que puedes anticipar y fortalecido contra aquellas que no puedes prever, manteniendo tu curso financiero en tiempos difíciles.

5.3 Opciones de seguro más allá de Medicare

Comprender las opciones que existen aparte de Medicare será clave para un plan de jubilación completamente seguro. A medida que te acercas a la edad de retiro, aprovechar las opciones de seguro adicionales puede brindarte una tranquilidad significativa y estabilidad financiera. El seguro de atención a largo plazo (LTCI) es una opción que vale la pena considerar cuidadosamente. A diferencia del seguro de salud estándar, que normalmente cubre solo facturas médicas y hospitalarias, el LTCI cubre los costos de atención personal y de cuidados, ya sea en casa, en un hogar de ancianos o en una residencia asistida. Estos son servicios que Medicare y las pólizas de seguro médico regulares generalmente no cubren de manera integral.

Los beneficios del LTCI incluyen no solo la garantía de que se cubrirán tus necesidades de atención a largo plazo, sino también la protección de tus ahorros y activos frente a los altos costos de esa atención, que pueden agotar rápidamente tus recursos financieros. Sin embargo, decidir si y cuándo comprar un LTCI requiere un análisis cuidadoso. Comprar una póliza a una edad más temprana, como a los 50 en lugar de a los 70, generalmente resulta en primas más bajas y una mayor probabilidad de que tu solicitud sea aceptada. Sin embargo, es esencial equilibrar el costo de las primas a lo largo del tiempo con la probabilidad y el momento en que podrías necesitar atención a largo plazo. Las disposiciones específicas de una póliza de LTCI, como los desencadenantes de beneficios, que normalmente incluyen el deterioro cognitivo o la incapacidad para realizar ciertas actividades diarias, deben alinearse con tus expectativas y necesidades.

Seguros de vida

Además de cubrir prestaciones por fallecimiento, un seguro de vida puede cumplir funciones adicionales. Durante la jubilación, el uso estratégico del seguro de vida puede ayudarte a gestionar los impuestos sobre la propiedad, sustentar a tus herederos con necesidades específicas o conformar un legado financiero. Decidir si necesitas un seguro de vida en la jubilación depende de tus circunstancias y metas financieras. Por ejemplo, si tus ahorros para la jubilación son lo suficientemente amplios como para mantener a tu cónyuge o pareja, es posible que no necesites un seguro de vida. Sin embargo, si dejar un legado o cubrir impuestos potenciales es parte de tu plan de jubilación, mantener el seguro de vida podría ser una opción ventajosa.

Los tipos de pólizas disponibles, a término y a vida, ofrecen diferentes beneficios y pueden adaptarse a diversas necesidades. El seguro de vida a término, que suele ser más económico, ofrece cobertura por un período específico y es adecuado para quienes anticipan una necesidad limitada de cobertura. En cambio, el seguro de vida permanente ofrece una solución de por vida con el beneficio adicional de un componente de valor en efectivo que crece con el tiempo y puede ser utilizado como préstamo si es necesario.

Seguro contra daños y de vida

El seguro contra daños juega un papel clave en la protección del activo ante eventos inesperados, como robos, desastres naturales u otros daños. Si tu estilo de vida cambia durante la jubilación, ya sea que te mudes a una casa más pequeña o cambies de residencia por completo, es conveniente reevaluar tus pólizas de seguro de daños para asegurarte de que sigan siendo adecuadas para cubrir la nueva realidad. Por ejemplo, podrías necesitar contratar otros tipos de cobertura, como el seguro contra inundaciones, si te trasladas a una zona propensa a desastres. De manera similar, a medida que el valor de tus bienes personales cambia, ya sea por la reducción de posesiones o la adquisición de nuevos activos, ajusta tu póliza para que la protección del seguro se alinee con tus necesidades actuales.

Otros tipos de seguros

Por último, explorar productos de seguros especiales puede ofrecer una protección a medida para riesgos específicos relacionados con viajes, fraudes o colecciones personales valiosas. El seguro de viaje, por ejemplo, puede brindarte protección esencial al cubrir emergencias médicas, cancelaciones de viajes o equipaje perdido, lo que hará que tus viajes sean más tranquilos. Si contratas un seguro de protección contra el fraude, estarás cubierto ante el creciente riesgo de robo de identidad. Para aquellos que posean colecciones valiosas, como arte, antigüedades u otros activos importantes, los seguros especializados diseñados para proteger estos artículos pueden ser muy útiles, pues brindan un alcance específico que las pólizas generales tal vez no cubran. Si tienes activos considerables, otra opción para protegerlos es con una Póliza Personal de Responsabilidad General (PLUP); esta póliza adicional puede cubrir demandas que excedan la cobertura de otras pólizas, como la de propietarios.

5.4 Consideraciones: La importancia de apoderados legales y testamentos

Los instrumentos legales, como el poder de representación (POA) y el testamento otorgado en vida constituyen herramientas críticas que salvaguardarán tu autonomía sobre las decisiones financieras y relacionadas con la salud, principalmente cuando ya no puedas tomar estas decisiones por ti mismo. Un POA para asuntos financieros es un documento legal que otorga a una persona de confianza —el agente— la autoridad para administrar tus bienes. El agente podrá cancelar y pagar cuentas, administrar tus inversiones o tomar decisiones financieras. Por lo tanto, la importancia de seleccionar un agente confiable no puede ser minimizada; debe ser alguien que tenga una buena comprensión de los asuntos financieros y entienda tus objetivos y conozca el valor de tus propiedades.

Al establecer un POA, uno de los pasos esenciales es definir el alcance de las facultades que se otorgan al agente. Estas pueden ser amplias o limitadas, dependiendo de tus preferencias y necesidades. Por ejemplo, puedes otorgar autoridad sobre todas las finanzas o limitarla a acciones específicas, como manejar transacciones inmobiliarias o administrar los gastos diarios. Esta flexibilidad permite que el POA se adapte a tus circunstancias, y ofrece la tranquilidad de que tus bienes serán gestionados de acuerdo con tu voluntad, incluso si no te encuentras en una posición para supervisarlos directamente.

Igual importancia tendrán las directivas de cuidados, o el testamento vital, que describe tus preferencias para el tratamiento médico, si sobreviene una incapacidad. Este documento guiará a los proveedores de atención médica y a tus seres queridos en la toma de decisiones que se alinean con tus valores y deseos en relación con los tratamientos para el mantenimiento de la vida, cuidados paliativos y otras intervenciones médicas. Junto con un apoderado de atención médica —otro documento legal fundamental que designa a alguien para tomar decisiones médicas en tu nombre— estas herramientas garantizan el respeto y cumplimiento de tus preferencias en materia de salud durante los momentos críticos.

Los requisitos legales para establecer POA, testamentos vitales y directivas de cuidado son fundamentales para que estos documentos sean efectivos y ejecutables. Cada país tiene leyes sobre cómo estos documentos deben ser extendidos para tener validez, por lo general se requiere autenticación de la firma, testigos e intervención de un notario. Por ejemplo, en la mayoría de los estados integrantes de los Estados Unidos de América se establece la necesidad de testigos para firmar POAs y testamentos vitales, y algunos también pueden requerir que estos documentos sean notariados. Estas formalidades legales se exigen para evitar que se cuestione la validez de los registros en el momento en que son más necesarios.

La actualización periódica de estos documentos legales es tan importante como su creación inicial. Si se modifican tus circunstancias de vida (cambios en la salud, estado civil o situación financiera), estos documentos legales también deberían actualizarse. Actualizar tu POA, el testamento vital y la cobertura de salud garantiza que las personas a las que confiaste estas responsabilidades significativas reflejen tus opciones vigentes, y que estas personas están todavía dispuestas y capaces de llevar a cabo sus deberes. Además, los cambios en las leyes a lo largo del tiempo pueden afectar la eficacia de los documentos legales, lo que obliga a realizar revisiones y actualizaciones regulares para garantizar su integridad y funcionalidad.

Estas consideraciones legales no se refieren simplemente a mantener registros meticulosos o cumplir con formalidades, sino que se trata de que tu última voluntad sea honrada, independientemente de tu estado de capacidad para comunicarla. Al establecer un POA y testamento vital completos, asegurándote de que se actualicen con regularidad y consonancia con las normas legales, consolidas tu legado financiero y autonomía sobre decisiones personales, independientemente del futuro.

Existen herramientas en línea para crear estos documentos sin recurrir a un abogado. Toma esta decisión personal con confianza en tu propio conocimiento del valor de tus bienes y situación personal. Haz tu investigación y establece lo que consideres correcto. Si contratas a un abogado, procura uno especializado en testamentos y fideicomisos, ya que pueden asesorarte mejor y resolver tus dudas.

Revisión del Capítulo 5

- Establece un fideicomiso y un testamento
- ¿Necesitas un apoderado legal o un testamento vital?
- Establece directivas de cuidado
- Revisa tus fondo de ahorros para imprevistos
- Considera un seguro de atención a largo plazo

Ayúdame con tu reseña honesta

Desbloquea el poder de la generosidad.

"Nos ganamos la vida con lo que obtenemos. Hacemos una vida con lo que damos" —Winston Churchill.

Las personas que dan sin esperar nada a cambio viven más tiempo, más felices y con frecuencia tienen más éxito. Así que, si podemos crear ese sentimiento juntos, vamos a intentarlo.

Para que eso suceda, tengo una pregunta para ti...

¿Ayudarías a alguien que nunca has conocido, incluso si nunca recibieras crédito por ello?

¿Quién es esta persona? —te preguntarás. Son personas como tú: necesitan información y la están buscando.

Nuestra misión es hacer que la planificación financiera de la jubilación sea accesible para todos. Todo lo que hacemos proviene de esa misión, y la única manera en que podemos lograrlo es llegando a todos.

Aquí es donde entras tú. La mayoría de las personas, de hecho, juzgan un libro por su portada (y sus reseñas). Te hacemos esta petición en nombre de alguien que trabaja duro para que su jubilación rinda.

Por favor, ayuda a tu prójimo, esa persona que necesita comenzar a ahorrar o ajustar su plan.

Deja una reseña de este libro.

Este regalo no cuesta dinero y lleva menos de 60 segundos de tu tiempo, pero puede cambiar la vida de otra persona para siempre. Tu reseña podría hacer la diferencia en la vida de alguien...

- ... una persona más que planeará un futuro sólido.
- ... una familia más que sentirá seguridad y bienestar.
- ... un jubilado más que disfrutará de sus años dorados.

Para obtener la satisfacción de contribuir al futuro de otras personas, todo lo que tienes que hacer es dejar una reseña —y toma menos de 60 segundos—.

Simplemente, haz clic en el enlace de abajo para dejar tu opinión:

Estamos mucho más entusiasmados de ayudarte a lograr tus metas de retiro con sencillez y eficacia de lo que te imaginas. Te encantarán las estrategias y consejos que compartiremos en los próximos capítulos.

¡Muchas gracias! Ahora, volvamos a nuestra programación regular.

—Tu mayor fan: Sage Lifestyle Press

Capítulo 6: Aprovechar la tecnología para planificar el retiro

"Los analfabetos del siglo XXI no serán aquellos que no saben leer y escribir, sino aquellos que no puedan aprender, desaprender y volver a aprender". —Alvin Toffler

En una era donde la tecnología se entrelaza con casi todas las facetas de nuestras vidas, dominar las herramientas para mejorar nuestra gestión financiera no es solo una conveniencia, sino una necesidad. Para algunos, adentrarse en el mundo digital puede parecer abrumador, complejo y desconfían de la seguridad cibernética. Sin embargo, la realidad es que las aplicaciones y herramientas de planificación financiera actuales han evolucionado para ser más fáciles de usar y más seguras. Aquellos que reconocen el valor de aprovechar la tecnología pueden racionalizar su supervisión financiera.

6.1 Aplicaciones y herramientas para la planificación financiera

Un panorama sobre las aplicaciones financieras disponibles

Las finanzas personales se han vuelto significativamente más fáciles con herramientas que simplifican tareas complejas y ahorran tiempo. Apps como Betterment, Personal Capital y You Need a Budget (YNAB) destacan por sus interfaces intuitivas y funcionalidad robusta. Betterment ofrece una visión completa de tus finanzas, lo que te permitirá realizar un seguimiento integral: desde cuentas bancarias e inversiones, hasta facturas y puntuaciones de crédito; en un solo lugar. Un relevamiento automático de gastos ayudará a cumplir planes de ahorro, al mostrar claramente cuáles son los gastos mensuales. Personal Capital, por otro lado, se ocupa más del seguimiento de las inversiones y la planificación de las jubilaciones, proporcionando herramientas que ayudan a controlar tu asignación de activos, comprobar las comisiones de inversión y predecir los valores futuros de la cartera, en función de varios escenarios de ahorro. Cada aplicación aborda diferentes aspectos de la gestión financiera, pero comparten un objetivo común: desmitificar el proceso de planificación financiera y hacerlo accesible.

Beneficios de la gestión automatizada de las finanzas

El verdadero poder de estas aplicaciones financieras radica en su capacidad para automatizar lo que una vez fueron tareas tediosas y propensas a errores. Los pagos automáticos de facturas ayudan a cumplir con los vencimientos, evitan cargos por mora e interrupciones de los servicios, como consecuencia de olvidos. El seguimiento automático de los ingresos y gastos te liberará de la tarea engorrosa de las entradas manuales, reducirá la posibilidad de errores y proporcionará información en tiempo real sobre tus finanzas. Esta automatización se extiende a la gestión de inversiones, donde podrás generar alertas sobre cambios significativos en el mercado que afecten tu cartera, y permitirán ajustes oportunos, sin monitoreo diario. El resultado no es solo una reducción del estrés asociado con la gestión financiera, sino también un aumento de la precisión y eficacia de tu estrategia financiera.

Características de la seguridad de las aplicaciones

La seguridad es una preocupación primordial, especialmente cuando se trata de información financiera sensible. Reconociendo esto, los desarrolladores de las principales aplicaciones financieras han integrado medidas avanzadas de seguridad para proteger los datos del usuario. Las tecnologías de cifrado, los inicios de sesión biométricos (como la huella dactilar y el reconocimiento facial) y la autenticación de dos factores son características estándar diseñadas para crear un entorno seguro para tus datos financieros. Utiliza solo aplicaciones con los estándares de encriptación utilizados por bancos e instituciones financieras, para que tu información esté protegida por los más altos protocolos de seguridad.

Recursos de tutorial

Muchas aplicaciones ofrecen un amplio soporte y recursos de tutoriales para garantizar que puedas aprovechar al máximo las capacidades de estas tecnologías, desde guías dentro de la app y preguntas frecuentes hasta tutoriales en video y servicios de asistencia en vivo. Sitios web como TechBoomers y Senior Planet ofrecen tutoriales que cubren las características básicas y avanzadas. Estos recursos te permiten utilizar estas aplicaciones con confianza, pues garantizan que la tecnología sea una herramienta eficaz para la gestión financiera.

6.2 Plataformas de inversión en línea: pros y contras

El mundo de las inversiones cambió drásticamente con la llegada de las plataformas en línea, pues ofrecen servicios que van desde corredores tradicionales que operan digitalmente, hasta asesores automatizados. Estas plataformas democratizaron el conocimiento financiero, haciéndolo accesible para un público más amplio. Los corredores tradicionales en línea proporcionan una plataforma donde puedes comprar y vender acciones, bonos, fondos mutuos y otros valores. Con frecuencia, ofrecen una gran cantidad de recursos, como informes de investigación, datos en tiempo real y sofisticadas herramientas para el análisis del mercado, que atienden a aquellos que prefieren un enfoque práctico para la gestión de sus inversiones. Por otro lado, los asesores automatizados son un fenómeno relativamente nuevo, utilizan algoritmos para gestionar inversiones en función de tu tolerancia al riesgo y tus objetivos financieros. Automatizan el proceso de inversión, desde la selección de activos hasta el reequilibrio de tu cartera, lo que los convierte en una opción atractiva para aquellos que buscan una estrategia de inversión más pasiva.

Las ventajas de utilizar estas plataformas en línea son significativas. Una de las más importantes es la rentabilidad. Las plataformas en línea suelen tener tarifas más bajas que los gestores de inversión tradicionales (como los corredores de bolsa y administradores) pues aprovechan la tecnología para automatizar muchos procesos que de otro modo requerirían la intervención humana. Esta reducción de la tarifa puede resultar en ahorros sustanciales con el tiempo, es decir, aumento en tus retornos generales de inversión.

La accesibilidad es otro beneficio; estas plataformas operan 24/7, lo que permite administrar inversiones en cualquier momento y en cualquier lugar, lo cual es particularmente ventajoso para aquellos que prefieren gestionar sus inversiones desde la comodidad del hogar.

Además, la gama de opciones de inversión disponibles es amplia, desde acciones y bonos tradicionales hasta ETF y activos extranjeros, lo que permite una cartera de inversiones diversificada. Las características como el reequilibrio automático y la recolección de pérdidas fiscales aumentan aún más el atractivo de estas plataformas, ya que ayudan a optimizar la estrategia de inversión y aumentarán tus rendimientos, luego de descontados los impuestos.

Sin embargo, también hay desventajas que considerar. La más notable es el carácter impersonal del servicio. Mientras que los corredores tradicionales a menudo proporcionan un toque personal, guiándote a través de decisiones y estrategias complejas, las plataformas en línea son más automáticas, lo que resulta cómodo solo para algunos. El enfoque exclusivamente digital puede sentirse distante, especialmente para quienes valoran la interacción humana directa y el asesoramiento personalizado.

La elección de la plataforma adecuada debe basarse en varios factores clave. La facilidad de uso de la interfaz debe minimizar el estrés y la confusión, y el soporte al cliente es otro aspecto a considerar. Las plataformas que ofrecen un soporte integral a través de múltiples canales como teléfono, correo electrónico y chat en vivo pueden proporcionar la tranquilidad de recibir asistencia cuando sea necesario, haciendo que el proceso de inversión sea más fluido y agradable. Algunas plataformas también ofrecen asesores financieros por cargos adicionales.

6.3 Mantenerse informado: las mejores fuentes de noticias financieras

En una era donde la información cambia rápidamente, mantenerse actualizado con las últimas noticias financieras es beneficioso e imperativo para administrar tu jubilación de manera eficaz. Algunas plataformas de noticias se destacan por su cobertura completa de los mercados financieros, las tendencias económicas y los consejos financieros personales. Estas plataformas ofrecen información completa, desde las fluctuaciones del mercado de valores y las estrategias de inversión hasta los cambios en la legislación fiscal y las actualizaciones de la seguridad social, lo que las convierte en un recurso invaluable para los jubilados que desean mantenerse al tanto de su situación financiera.

Ante la gran cantidad de información disponible, evalúa críticamente las fuentes de tus noticias financieras. No todos los medios son iguales, y la confiabilidad y el sesgo de la fuente pueden afectar significativamente la calidad y utilidad de la información que recibes. Para evaluar la credibilidad de una fuente de noticias financieras considera su reputación, las credenciales de sus colaboradores y sus estándares editoriales. Las fuentes de buena reputación suelen tener directrices editoriales estrictas y son transparentes sobre sus procesos. Además, cruzar la información entre múltiples fuentes confiables puede proporcionar una visión más equilibrada y ayudar a validar la precisión de las noticias que consumes. Este enfoque no solo refina la calidad de la información, sino que también mejora tu capacidad para tomar decisiones bien informadas basadas en datos confiables, estableciendo una base sólida para administrar tus finanzas jubilatorias con eficacia y confianza.

Acceder a estos recursos nunca ha sido tan fácil, gracias a la digitalización. Al integrar estas plataformas en tu rutina diaria, puedes mantenerte al tanto de los últimos sucesos que podrían afectar tu plan de retiro. Estos sitios web y aplicaciones están diseñados para ser accesibles, lo que garantiza que incluso aquellos con habilidades técnicas mínimas puedan beneficiarse fácilmente de ellos.

Mantenerse actualizado va más allá de la simple curiosidad: impacta directamente en tu planificación financiera y toma de decisiones. Con la nueva legislación que continuamente da forma a las tendencias económicas e influye en el comportamiento del mercado, estar informado te permite ajustar de manera proactiva tus estrategias de inversión y planes de jubilación. Por ejemplo, entender cómo una nueva ley tributaria podría afectar tus ingresos de jubilación te permitirá mitigar los impactos o aprovechar los beneficios. De manera similar, atender a los indicadores económicos te ayudará a comprender las condiciones del mercado que podrían influir en el rendimiento de tus inversiones, y podrás realizar ajustes a tiempo, que se alineen con tu tolerancia al riesgo y tus objetivos de jubilación.

Para mejorar la inmediatez con que recibes noticias puedes configurar alertas de noticias en tus dispositivos. La mayoría de los sitios web y aplicaciones ofrecen sistemas de alerta personalizables que te notifican sobre novedades específicas o cambios en el mercado. Al crear alertas sobre temas particularmente relevantes para tu situación financiera, como los cambios en las regulaciones de pensiones, fluctuaciones en los sectores donde tienes inversiones o actualizaciones sobre la seguridad social, te aseguras de que la información crítica te llegue sin necesidad de filtrar noticias menos relevantes. Este enfoque dirigido te mantiene bien informado y ahorra tiempo, permitiéndote concentrarte más en disfrutar de tu jubilación en lugar de lidiar con información innecesaria.

6.4 Ciberseguridad: proteger tus datos financieros online

En la era digital actual, no se puede subestimar la importancia de la ciberseguridad, especialmente para quienes utilizan cada vez más las plataformas en línea para la gestión financiera y las inversiones. Comprender la magnitud de las amenazas en línea es el primer paso para proteger tus datos financieros. El phishing, los correos electrónicos y los sitios web fraudulentos son algunas de las amenazas más comunes que pueden comprometer tu seguridad financiera. Los ataques de phishing suelen presentarse en correos electrónicos o mensajes que imitan a instituciones legítimas, pidiéndote que proporciones información confidencial como contraseñas o detalles bancarios. Estos mensajes pueden ser alarmantemente convincentes, a menudo generan urgencia al afirmar que tu cuenta está en riesgo o que se ha detectado una transacción inusual.

Para protegerte de estas amenazas, edúcate en reconocer los signos del phishing: saludos genéricos, URL mal escritas y archivos adjuntos inesperados son indicadores comunes. Siempre verifica la autenticidad de la comunicación, contactando directamente a la institución a través de un teléfono o dirección de correo electrónico conocido y confiable, en lugar de utilizar la información de contacto proporcionada en el mensaje sospechoso. Además, presta atención a los sitios web que visitas; asegúrate de que sean seguros buscando URLs que comiencen con «https://» y el símbolo de candado. Evita hacer clic en enlaces de fuentes desconocidas y ten precaución al compartir información personal en línea.

La protección de tus cuentas en línea es otro aspecto esencial para resguardar tus datos financieros. Crear contraseñas fuertes y únicas para cada cuenta es una necesidad fundamental. Considera usar una frase de contraseña que incluya una mezcla de letras, números y símbolos, lo que dificulta que los ciberdelincuentes la descifren. La autenticación de dos factores añade una capa extra de seguridad, ya que requiere tanto tu contraseña como un segundo método de verificación, como un código enviado a tu teléfono o un identificador biométrico, como una huella digital. Esta autenticación puede reducir significativamente el riesgo de acceso no autorizado, incluso si tu contraseña se ve comprometida.

Una contraseña segura es crucial para proteger tu información en línea. Aquí tienes algunas características clave de una contraseña segura:

- Extensión: cuanto más larga sea una contraseña, mejor. Se recomienda un mínimo de 12 a 15 caracteres.

- Complejidad: incluir una combinación de mayúsculas, minúsculas, números y caracteres especiales (por ejemplo: @, #, $, etc.).

- Naturaleza impredecible: evita palabras o frases comunes, o patrones fáciles de adivinar, como "clave", "12345", o secuencias de letras de teclado que se vean juntas, como "qwerty".

- Originalidad: usa diferentes claves para cada una de tus cuentas. De este modo, si una contraseña se ve comprometida, las otras cuentas no corren riesgo.

- Evita información personal: no uses información personal de fácil acceso, como tu nombre, fecha de nacimiento, o combinaciones simples.

Además, considera usar un administrador de contraseñas para generar y almacenar contraseñas complejas. Esta herramienta puede ayudarte a mantener contraseñas fuertes y únicas para todas tus cuentas sin necesidad de memorizarlas. Wired Magazine es uno de los sitios que revisa y evalúa estas opciones.

Proteger tu red Wi-Fi y tus dispositivos personales es igualmente importante. Asegúrate de que tu red Wi-Fi doméstica esté protegida con una contraseña fuerte y considera configurar una red de invitados para que los visitantes no puedan acceder a la red principal en la que están conectados tus dispositivos. Mantén tus sistemas operativos y software actualizados para protegerte contra vulnerabilidades que los hackers podrían explotar. Utiliza antivirus de buena reputación y habilita la configuración del firewall para proteger tus dispositivos de ataques.

La vigilancia periódica de tus cuentas financieras es fundamental para la detección temprana de actividades no autorizadas. Revisa con regularidad tus estados de cuenta bancarios y de tarjeta de crédito, y configura alertas para cualquier transacción. La supervisión de crédito puede añadir una capa adicional de seguridad al alertarte sobre cambios en tu informe de crédito, lo que podría indicar un posible robo de identidad.

Conocer las medidas que debes tomar puede mitigar el daño en caso de una violación de seguridad. Informa inmediatamente a tu institución financiera para que puedan tomar las acciones necesarias, como bloquear tus cuentas o reemplazar tus tarjetas. Notifica a las agencias de crédito pertinentes para que coloquen una alerta de fraude en tu informe de crédito, lo cual advierte a los acreedores que verifiquen tu identidad antes de abrir nuevas cuentas a tu nombre. Cambia tus contraseñas de inmediato y monitorea de cerca tus estados financieros e informes de crédito para detectar cualquier signo de actividad no autorizada.

Revisión del Capítulo 6

- Comienza a usar la tecnología en la gestión de tus finanzas
- Revisa plataformas de inversión online— Hay varios sitios (por ej.: Forbes, PCMagazine). Califícalos anualmente
- Conoce las características de seguridad de las aplicaciones que usas
- Establece un sistema de inicio de sesión de dos factores
- Revisa tu presencia online
- Actualiza cualquier contraseña que no cumpla con un mínimo estándar de seguridad

Capítulo 7: Creación de flujos de ingresos constantes

"Si estás cansado, aprende a descansar, no a renunciar".
—Banksy

Imagina la comodidad y seguridad de saber que, sin importar las fluctuaciones del mercado o los cambios inesperados en tu vida, tus ingresos financieros se mantendrán firmes, brindándote un flujo constante que respalda tu estilo de vida durante tus años dorados. Este capítulo está dedicado a establecer fuentes de ingresos confiables que te proporcionen paz y estabilidad financiera, garantizando que tu jubilación sea tan gratificante como larga.

7.1 Establecer flujos de ingresos garantizados vitalicios

Beneficios de la optimización del Seguro Social

El Seguro Social sigue siendo un elemento fundamental en la mayoría de los planes de jubilación, pero la estrategia sobre cuándo y cómo reclamar tus beneficios puede afectar significativamente tus finanzas. Una de las estrategias más efectivas es retrasar la reclamación. Aunque eres elegible para comenzar a recibir beneficios a los 62 años, cada año que te demoras hasta los 70 aumenta tus beneficios mensuales. Este retraso puede incrementar tus ingresos de por vida del Seguro Social, lo cual es especialmente importante si llegas a vivir más tiempo que el promedio.

Consideraciones sobre los ingresos por pensiones

Para quienes tienen la suerte de contar con una pensión, decidir cómo recibir estos beneficios traerá consecuencias importantes en su situación económica: pues las pensiones suelen ofrecer opciones entre pagos de suma fija o pagos regulares de anualidades. Una suma global te da una cantidad grande de dinero por adelantado, lo cual puede ser atractivo, pero requiere una gestión cuidadosa para que los fondos duren toda la jubilación. Los pagos regulares de anualidades, aunque más pequeños, brindan el beneficio de un flujo constante de ingresos, similar a un cheque salarial, lo que puede facilitar el presupuesto y reducir el riesgo de gastar más de lo que has ahorrado. La elección depende de varios factores, como tu salud, estilo de vida y si tienes otros activos. Para muchos, la seguridad de saber exactamente cuánto recibirán cada mes, y que no se agotará, es invaluable.

Incorporación de productos de seguros

Otro aspecto clave para crear fuentes de ingresos duraderas es el uso estratégico de productos de seguros, como el seguro de longevidad. Este tipo de seguro está diseñado para que los pagos comiencen más tarde en la jubilación, normalmente alrededor de los 85 años. Funciona como una protección ante la posibilidad de agotar tus otros fondos de jubilación, proporcionando ingresos en una etapa donde otras fuentes podrían estar agotadas. El seguro de longevidad puede ser esencial para un plan de jubilación integral, pues te brindará la certeza de que puedas mantenerte financieramente seguro, incluso en los últimos años de tu vida.

Las estrategias discutidas en esta sección están diseñadas no solo para mantener tu estilo de vida sino también para proporcionarte seguridad y confianza, al tener una corriente de ingresos segura y predecible en la jubilación. Si seleccionas y combinas cuidadosamente estas herramientas e ideas, puedes crear un plan de jubilación adaptado a tus necesidades y circunstancias cambiantes, asegurando la estabilidad económica y la tranquilidad durante años.

7.2 Estrategias para retiros planificados de cuentas jubilatorias

Entender la regla del 4 %

Cuando planifiques cuánto retirar anualmente de tus ahorros para la jubilación, la regla del 4 % suele ser una directriz confiable. Esta regla sugiere que puedes retirar el 4 % de tu cartera de jubilación en el primer año de jubilación y luego ajustar esa cantidad cada año en función de la inflación. La base de esta norma se apoya en datos históricos sobre los rendimientos de acciones y bonos durante un período de retiro de 30 años. Seguir esta regla probablemente preservará tu capital y garantizará la integridad de tus ahorros.

Aunque esta estrategia ofrece un marco simple, tiene sus limitaciones. Se basa en la suposición de que las inversiones tienen un rendimiento constante y no considera la volatilidad de los mercados financieros. Además, no se ajusta a cambios en los hábitos de gasto o a gastos imprevistos que puedan surgir durante la jubilación. Por lo tanto, aunque la regla del 4 % puede ser un buen punto de partida, es esencial evaluarla en el contexto más amplio de tu situación financiera y estar preparado para ajustarla si es necesario.

Estrategias dinámicas de retirada

Se han desarrollado estrategias de retirada más dinámicas que tienen en cuenta el rendimiento del mercado y las circunstancias personales para abordar las limitaciones de la regla del 4 % estático. Estas estrategias responden mejor al entorno económico y a necesidades financieras específicas, pues proporcionan una mayor flexibilidad y seguridad. Una de estas estrategias es el enfoque de *barandillas*, donde la tasa de retiro se ajusta en función del rendimiento de las inversiones. Por ejemplo, si tu cartera experimenta un crecimiento significativo, puedes aumentar la tasa de retirada. Por el contrario, durante las crisis, se disminuiría. Otro método consiste en establecer una tasa de retiro máxima y mínima, con límites para que puedas obtener una cantidad constante cada año. Estas estrategias dinámicas requieren un seguimiento y ajustes regulares del plan financiero, algo que parece complicado, pero ofrece la ventaja de optimizar tu flujo de ingresos, de acuerdo con datos obtenidos en tiempo real y necesidades personales.

Consecuencias tributarias de los retiros

El momento y el monto de los retiros afectan significativamente tus obligaciones fiscales, por ello, la planificación fiscal es un aspecto esencial de tu estrategia de jubilación. Los retiros de cuentas con impuestos diferidos, como las IRA tradicionales o 401(k), se gravan como ingresos ordinarios, y la cantidad que retires puede llevarte a niveles de tributación más altos, es decir, que se incrementa tu carga fiscal. Una planificación cuidadosa puede ayudarte a manejar esos impuestos de manera eficaz: una estrategia consiste en escalonar los retiros para mantener los ingresos imponibles en niveles más bajos; otra enfoca en combinar los retiros de cuentas gravables y libres de impuestos —como las IRA de Roth, donde las distribuciones podrían no ser gravables—. Esta combinación puede ayudarte a administrar tu escala de impuestos cada año, lo que reducirá los tributos que se descuentan de jubilación. Puede ser muy relevante en este punto que te asesores con un profesional de los impuestos, para trazar una estrategia de retiro que conserve la integridad de tus ahorros, ganados con tanto esfuerzo.

Función de las distribuciones mínimas requeridas (RMD)

Una vez que alcanzas la edad de 72 años, el IRS requiere que comiences a tomar RMD de tus cuentas de jubilación diferidas. El monto de estos retiros obligatorios se calcula con base en el saldo de tu cuenta y la esperanza de vida, y no tomar estas distribuciones puede resultar en fuertes penalizaciones, hasta el 50 % de la cantidad que debías retirar. La gestión estratégica de tus RMD es esencial para minimizar su impacto en tus impuestos y el crecimiento de las inversiones.

Una alternativa consiste en comenzar a hacer retiros poco antes de lo requerido, repartiendo los ingresos imponibles en varios años para reducir los impuestos. Alternativamente, si no necesitas los RMD para cubrir gastos, podrías considerar reinvertirlos en un IRA Roth si aún eres elegible para hacer contribuciones, o destinarlos a donaciones caritativas a través de una Distribución Caritativa Calificada, que puede cumplir con tu requisito de RMD sin aumentar tus ingresos imponibles. Este uso estratégico de los RMD puede ser clave para manejar tus finanzas y jubilación, para que estas distribuciones se alineen con tus metas financieras y estrategias de planificación fiscal, las cuales discutiremos con más detalle en el Capítulo 10.

7.3 Utilización de inversiones con dividendos para obtener ingresos regulares

Identificar acciones con dividendos elevados

Al considerar acciones con dividendos, es importante mirar más allá de las altas rentabilidades y evaluar la sostenibilidad de esos activos, lo cual dependerá de la salud financiera y el rendimiento histórico de la empresa. Elegir acciones con un buen rendimiento en dividendos implica analizar varios indicadores clave. La relación de distribución de dividendos, por ejemplo, es una métrica excelente para entender. Esta relación compara los dividendos pagados a los accionistas con el beneficio neto de la empresa. Un índice de pagos más bajo (generalmente 60 % o menos) suele ser más sostenible a largo plazo, ya que indica que la empresa no está comprometiéndose en exceso. También sugiere que la empresa puede mantener o aumentar fácilmente los dividendos, incluso si las ganancias disminuyen temporalmente.

Es fundamental evaluar la estabilidad y el crecimiento de los ingresos de la empresa. Las empresas con ingresos y ganancias estables tienen más probabilidades de sostener y aumentar los dividendos con el tiempo. Busca empresas que tengan al menos 5-10 años de trayectoria consistente en pagos de dividendos estables o crecientes, ya que esto demuestra un compromiso de devolver valor a los accionistas, incluso en momentos de crisis económicas. Además, considera el flujo de efectivo libre de la empresa, que es el efectivo generado después de cubrir las salidas de efectivo para las operaciones y el mantenimiento de activos. Un flujo de efectivo libre sólido indica que la empresa tiene suficiente liquidez para mantener sus pagos de dividendos, invertir en el crecimiento del negocio y reducir la deuda, lo cual, a su vez, garantiza la estabilidad de tus ingresos por dividendos.

El flujo de caja libre (FCF) es una medida del rendimiento financiero de una empresa, calculado como el flujo de efectivo operativo menos los gastos de capital. Representa el importe de efectivo generado por una empresa que está disponible para distribuir entre sus tenedores de valores (incluidos los inversores en acciones y los tenedores de deuda). El FCF es importante, porque muestra la eficiencia de una empresa en la generación de efectivo, que puede utilizarse para diversos fines: como el pago de dividendos, la reducción de la deuda, la reinversión en el negocio o el ahorro para un uso futuro. Es un indicador clave de la salud financiera de una empresa y su capacidad para crear valor para los accionistas.

Beneficios de los planes de reinversión de dividendos (DRIP)

Los DRIP son una poderosa herramienta de inversión durante la fase de acumulación y también durante la jubilación. Durante la fase de acumulación, los DRIP permiten reinvertir automáticamente aquellos dividendos obtenidos por acciones o fondos mutuos en la compra de nuevas acciones, sin incurrir en comisiones de corretaje. Esta reinversión automática incrementa el stock accionario y además permite beneficiarse de los intereses acumulados a lo largo del tiempo, brindando mayor valor agregado.

Al acercarte a la jubilación, puedes modificar la opción de reinvertir dividendos para recibir pagos en efectivo, de forma complementaria a tus ingresos. Esta transición es perfecta con los DRIP, pues proporciona un flujo regular de ingresos derivados de dividendos, que pueden ser muy estables, si provienen de empresas financieramente sanas con un historial de pago de dividendos. Esta estrategia ofrece los beneficios dobles de aumentar el crecimiento de la inversión durante tus años de trabajo, a la vez que garantiza una fuente confiable de ingresos durante la jubilación, sin necesidad de vender activos.

Incorporación de las ETFs y fondos mutuos

Los ETF y fondos mutuos centrados en dividendos ofrecen una manera conveniente de tener una cartera diversificada de acciones que generan dividendos, y reducen el riesgo asociado con acciones individuales. Los profesionales que gestionan estos fondos seleccionan y equilibran los activos, según estrategias específicas de rentabilidad de dividendos, como el alto retorno, el crecimiento de los dividendos o una combinación de ambos. Al invertir en diversas industrias y regiones geográficas, es posible mitigar el riesgo y beneficiarse de diferentes entornos de mercado y ciclos económicos. La diversificación que brindan estos fondos es especialmente crucial para la gestión del riesgo, ya que durante la jubilación se depende más de los ingresos por inversión.

Los ETF, en particular, ofrecen la ventaja de negociarse como acciones, proporcionando liquidez y flexibilidad para gestionar inversiones. En general, tienen ratios de gastos más bajos que los fondos comunes de inversión, lo que los convierte en una opción rentable para inversiones centradas en los ingresos. Los fondos de inversión, aunque generalmente tienen comisiones más altas, ofrecen reinversiones automáticas de dividendos similares a las del DRIP, lo que puede ser ventajoso durante la etapa de acumulación.

Tratamiento tributario de los ingresos por dividendos

Es necesario comprender las regulaciones fiscales de los dividendos para mejorar tus rendimientos, que serán parte de tus ingresos disponibles para la jubilación. Los dividendos se clasifican como calificados o no calificados a efectos fiscales, lo que afecta la manera en que se gravan. Los dividendos calificados se gravan con la tasa más baja de ganancias de capital a largo plazo, y deben cumplir ciertos criterios, como ser pagados por una corporación de EE. UU., o una empresa extranjera calificada, y poseer las acciones subyacentes durante un período mínimo. Por otro lado, los dividendos no calificados se gravan con las tasas más altas del impuesto ordinario sobre la renta.

7.4 Trabajo de medio tiempo y emprendedurismo durante el retiro

El panorama de la jubilación está cambiando, y muchas personas buscan combinar la generación de ingresos con la realización personal. El trabajo a tiempo parcial y la actividad por cuenta propia se han convertido en opciones viables para complementar los ingresos y mantener un estilo de vida activo y comprometido durante la jubilación. Existen muchas oportunidades de trabajo a tiempo parcial en sectores que valoran la experiencia y la fiabilidad de los jubilados. Los puestos de consultoría, por ejemplo, te permiten aprovechar tu experiencia acumulada con un horario flexible, contribuyendo a proyectos o asesorando a profesionales más jóvenes, sin el compromiso de una jornada completa. Las posiciones en el sector minorista pueden ofrecer interacción social y una rutina estructurada, mientras que los trabajos estacionales, como la asistencia para declaraciones de impuestos durante la temporada fiscal, ofrecen oportunidades a corto plazo alineadas con épocas específicas del año.

La transición al trabajo independiente después de la jubilación puede parecer desafiante, pero también puede ser una experiencia gratificante que no solo fortalezca tus finanzas, sino que también te permita decidir qué tipo de trabajo realizarás y las responsabilidades que asumirás. Comienza identificando las habilidades que puedes ofrecer: redacción, diseño gráfico, consultoría o cualquier otra especialidad profesional que hayas perfeccionado a lo largo de los años. Crear un negocio independiente implica algunas tareas administrativas iniciales, como hacer un sitio web, registrar la empresa si es necesario y establecer un proceso para llevar un seguimiento de tus ingresos y gastos. Encontrar clientes puede ser más fácil a través de redes profesionales: aprovecha a tus antiguos contactos o usa plataformas en línea que conectan a *freelancers* con proyectos. Administra tu agenda: comienza de manera gradual para evaluar lo que puedes manejar cómodamente, antes de asumir más trabajo. Evita el exceso.

Equilibrar el trabajo y el ocio asegurará que tu jubilación sea agradable y esté libre de estrés. Esto significa establecer límites claros en cuanto a la cantidad de tiempo que dedicarás al trabajo, con respecto al ocio. Prioriza la flexibilidad en los compromisos profesionales, para permitirte viajes, pasatiempos y tiempo con tus seres queridos. Asegúrate de que el trabajo enriquezca tu vida, en lugar de dominarla. La gestión del tiempo se vuelve aún más crítica en la jubilación, ya que el equilibrio entre los diversos intereses y compromisos puede convertirse rápidamente en abrumador, si no se gestiona cuidadosamente. Integrar el trabajo a tiempo parcial o por cuenta propia durante la jubilación ofrece un enfoque multifacético para mantener la estabilidad financiera, aumentar el compromiso social y cumplir ambiciones personales.

Revisión del Capítulo 7

- Decide cuál es la edad óptima para tu retiro
- Revisa cualquier opción de cuenta de retiro y pensiones
- Si aún no te sientes preparado para retirarte al 100 %, considera un trabajo de medio tiempo
- Monetiza tus habilidades y hazte emprendedor u ofrece consultorías

Capítulo 8: Estrategias para aquellos que comenzaron tarde

"Nunca subestimes el poder que tienes para llevar tu vida hacia un nuevo rumbo". —Germany Kent

Imagina entrar en un jardín descuidado: el césped crece de manera desigual, algunas áreas asemejan un páramo, y parece que no tienes suficiente tiempo para convertirlo en el refugio exuberante que habías imaginado. ¿La buena noticia? Con las estrategias correctas, cualquiera puede cultivar una jubilación próspera. Este capítulo, aunque algo repetitivo, profundiza en las estrategias efectivas para recuperar los ahorros para la jubilación, transformando la ansiedad en acción y la escasez en abundancia. Puede ser el «empuje» que necesitas para empezar a planificar tu jubilación.

8.1 Estrategias eficaces de recuperación de ahorro para la jubilación

Maximizar las contribuciones de recuperación

Cuando tienes más de 50 años, el IRS te ofrece una ventaja para tus ahorros de jubilación: límites de contribución más altos en cuentas como el 401(k) y el IRA. El capítulo 2 describe las contribuciones adicionales que puedes hacer para aumentar los fondos de tus diferentes cuentas de ahorro para la jubilación. Maximizar estas contribuciones puede incrementar significativamente tus ahorros, aprovechando los beneficios fiscales y el interés compuesto. Piensa en estas contribuciones como si aceleraras tu vehículo, avanzando más rápido hacia tus metas de jubilación. Es una manera sencilla pero poderosa de incrementar tus fondos, aprovechando estos límites más altos para compensar el tiempo perdido.

Ajuste de las tasas de ahorro

Para progresar con tus ahorros, la etapa de reevaluar e incrementar de manera significativa la tasa de ahorro debería ser una meta principal. Ahorrar más implica recalibrar tu presupuesto actual para destinar más fondos a los ahorros para la jubilación. Comienza por revisar tus gastos mensuales: identifica aquellos que se puedan reducir o eliminar. Puede ser el paquete de cable premium, las comidas frecuentes fuera de casa o suscripciones de lujo que te están limitando. Aprovecha esta oportunidad para redirigir esos fondos hacia tus cuentas de jubilación. Se trata de priorizar tu seguridad financiera futura sobre gratificaciones inmediatas. Además, considera maneras de aumentar tus ingresos, ya sea tomando trabajos independientes, empleos a tiempo parcial o vendiendo artículos que ya no necesitas. Cada dólar extra que ahorres es una semilla plantada para tu futuro, y que crecerá gracias al rendimiento compuesto.

Utilizar los beneficios con sabiduría

Las ganancias inesperadas, como las herencias, los reembolsos de impuestos o las bonificaciones, representan una oportunidad de oro para aumentar tus ahorros jubilatorios. En lugar de gastar este ingreso inesperado en grandes compras o viajes, depositalos en tu cuenta de retiro, para beneficiarte en el futuro. Estos ingresos sorpresivos pueden ser el equivalente financiero de la lluvia en nuestra analogía del jardín, ya que proporcionan un empuje repentino a los ahorros en crecimiento. En vez de ceder a la tentación de usar estos ingresos inesperados para la satisfacción inmediata, úsalos para el beneficio a largo plazo, que asegure tu jubilación. Una vez que dirijas con determinación estos activos a tu cuenta de ahorro jubilatorio, fortalecerás tus finanzas contra las incertidumbres.

Posponer el retiro

Para aquellas personas que comenzaron a ahorrar más tardíamente, posponer la jubilación puede ser una opción bastante eficaz. Al posponer la jubilación, aumentarás la duración de los ahorros y potencialmente aumentarás tus beneficios del Seguro Social. Cada año que pospongas la jubilación más allá de la edad de retiro completo (hasta los 70 años), tus beneficios del Seguro Social aumentarán, debido a los créditos de jubilación atrasados. Además, menos años de jubilación significa que tus ahorros necesitan estirarse menos. Aunque trabajar más tiempo puede parecer intimidante, puedes aliviar significativamente la presión financiera más adelante, pues le darás más tiempo a tus inversiones para crecer y capitalizarse.

Implementar estas estrategias de recuperación sólidas puede mejorar significativamente tu preparación para el retiro, y convertirás a tu comienzo tardío en un final sólido. Abraza estos enfoques con determinación y optimismo, y verás cómo tu jardín de retiro florece, incluso si has sembrado más tarde que lo debido.

8.2 Corregir los errores financieros más comunes antes de que sea demasiado tarde

Pago de la deuda con intereses elevados

La carga de una deuda con intereses altos, especialmente de las tarjetas de crédito, puede dificultar tus finanzas y tus planes de retiro. Las deudas con interés elevado crecen a un ritmo que puede superar rápidamente tu tasa de ahorro, por lo que es esencial abordar este problema con prontitud. Un enfoque estratégico para eliminar este tipo de deudas consiste en listar todas tus deudas por orden de interés, desde la más alta hasta la más baja, y concentrar tus recursos financieros en pagar primero las tasas más altas mientras mantienes los pagos mínimos en las otras.

Además, es importante detener la acumulación de deuda adicional con altos intereses. Adopta un enfoque más disciplinado para el gasto: evita compras impulsivas y evalúa la necesidad de artículos que podrían endeudarte aún más. Considera si puedes transferir los saldos de tarjetas de crédito con intereses altos a tarjetas con tasas de interés más bajas mediante una transferencia de saldo. Estos movimientos reducen los intereses devengados y unifican tus deudas, lo que facilita su gestión. Recuerda, el objetivo es redirigir lo que ahorras en estos pagos de interés a tus ahorros para la jubilación, convirtiendo lo que podría ser una fuga financiera en una oportunidad de crecimiento.

Revisar el riesgo de las inversiones

Para quienes se enfocan en la planificación de la jubilación en una etapa más tardía, es esencial encontrar el justo equilibrio entre el crecimiento agresivo y la gestión del riesgo. Aunque la inversión de alto riesgo parezca interesante para recuperar terreno rápidamente, esta estrategia puede tener un giro negativo, especialmente si la volatilidad del mercado juega en tu contra. En lugar de eso, adopta un enfoque racional: revisa tus inversiones con regularidad para que estén alineadas con tu tolerancia al riesgo actual y el calendario de retiro.

Herramientas como las tablas de asignación basadas en la edad pueden servir como guía: pues sugieren un cambio hacia inversiones más conservadoras a medida que se acerca la jubilación. Sin embargo, las circunstancias personales juegan un papel, por lo que es importante adaptar estas sugerencias a tu situación. Las inversiones en fondos indexados o bonos podrían ser adecuadas, ya que ofrecen un riesgo menor que las acciones individuales. La clave aquí es la coherencia y evitar reacciones instintivas a las fluctuaciones del mercado, que pueden descarrilar una estrategia de inversión bien pensada.

Evitar nuevas deudas

Es tentador comprar un auto nuevo, remodelar tu casa o tomar unas vacaciones a un destino exótico con préstamos o tarjetas de crédito. Asumir nuevas deudas —en especial para gastos no esenciales— puede socavar considerablemente los esfuerzos por ahorrar para el plan de jubilación. Recuerda que cada nueva deuda aumenta tu carga financiera y puede desviar fondos que deberían ir a tus ahorros de jubilación. Para evitar este problema, adopta una política de gastos exclusivamente en efectivo para las compras discrecionales. Si el dinero no está disponible, pospone la compra hasta que lo esté.

Es aquí también donde tu sólido fondo de emergencia puede cubrir gastos inesperados sin recurrir al crédito. Como se ha mencionado, este fondo debería cubrir idealmente de tres a seis meses de gastos de vida, proporcionando una reserva que te apoye en caso de costos imprevistos sin contraer nuevas deudas. Revisa regularmente tu presupuesto para reducir las áreas donde persistan los gastos excesivos.

La disciplina es vital, y aunque puede requerir sacrificios a corto plazo, los beneficios a largo plazo para tus ahorros de jubilación bien valen el esfuerzo.

Reevaluación de seguros

El seguro puede proporcionar una red de seguridad contra posibles cambios económicos. Sin embargo, a medida que evolucionan tus circunstancias, también lo hará tu cobertura de seguro. Es recomendable realizar una revisión anual de tus pólizas de seguro, ya sea de vida, salud o cuidado a largo plazo, para que no estés sobreasegurado o subasegurado. Evalúa si los niveles de cobertura están vigentes: dada tu edad, estado de salud y obligaciones familiares. Por ejemplo, si tus hijos son financieramente independientes, podrías reducir tu cobertura de seguro de vida, disminuyendo las primas y liberando fondos para tus ahorros de jubilación.
Las necesidades de seguro médico aumentan con la edad, así que considera si tu plan actual cubre adecuadamente tus gastos médicos anticipados. Si no es así, cambiar de planes o complementar tu cobertura con pólizas adicionales puede ser una buena opción. Evalúa si los beneficios justifican las primas del seguro de atención a largo plazo, especialmente si tu salud se ha deteriorado desde que compraste la póliza por primera vez. Hacer ajustes en estas pólizas puede generar ahorros significativos, reducen el estrés financiero y permiten canalizar más recursos hacia tus ahorros de jubilación.

8.3 Apalancamiento de capital y otros activos para los recién llegados

Al acercarte a las etapas posteriores de tu planificación financiera, evalúa lo que ahorras y lo que ya posees que pueda convertirse en recursos financieros. Un activo importante que muchos pasan por alto es el patrimonio inmobiliario. Para aquellos que han pasado años pagando una hipoteca, su hogar no es solo un lugar de comodidad y recuerdos; también es un activo financiero sustancial. Si utilizas de manera estratégica este capital, puedes lograr un impulso considerable para tus fondos de retiro. Una opción es la reducción de tamaño: vender tu vivienda actual y mudarte a una propiedad más pequeña y menos costosa. Vender un inmueble a menudo reduce gastos mensuales, como impuestos, servicios públicos y mantenimiento, lo que maximiza tus ahorros jubilatorios.

Además de los bienes inmuebles, es posible que poseas otras propiedades o activos que puedas convertir en flujos de ingresos. Si tienes una casa de vacaciones o un vehículo adicional que usas muy rara vez, considera vender o alquilar esas propiedades. Alquilar una segunda casa, o incluso una parte de tu residencia principal, puede proporcionar una fuente estable de ingresos pasivos, y esto reducirá la presión sobre tus ahorros para la jubilación. Para quienes no utilizan toda su propiedad, plataformas como Airbnb ofrecen una forma de generar ingresos a partir del espacio no utilizado sin comprometerse con alquileres a largo plazo. Mientras tanto, los vehículos pueden alquilarse mediante servicios de uso compartido cuando no se utilizan, convirtiendo un activo inutilizado en uno que genera ingresos. Cada opción tiene sus consideraciones, como los costos de seguro y el desgaste potencial, pero pueden fortalecer significativamente tu situación financiera. Incluso hay aplicaciones que te permiten alquilar tu patio trasero para eventos.

Por último, considera la posibilidad de liquidar activos que no estén agregando valor o contribuyendo significativamente a tu seguridad financiera. Estos podrían incluir objetos de colección, joyas o vehículos recreativos que generan costos de mantenimiento sin proporcionar beneficios financieros. La venta de estos activos puede ofrecer una suma fija de dinero que se puede reinvertir en activos más productivos o usar para reducir deudas pendientes. La clave es evaluar cada activo críticamente, considerando su valor emocional frente a su valor financiero y el potencial para contribuir a tu estabilidad financiera.

Al aprovechar tus activos de manera eficaz, estás convirtiendo estratégicamente bienes de bajo rendimiento o no utilizados en fondos que consoliden tu futuro financiero. Este enfoque requiere una visión equilibrada de lo que cada activo aporta a tu vida versus lo que podría aportar a tu seguridad financiera, tomando decisiones informadas para optimizar tu cartera de activos y brindarte una jubilación más estable.

Revisión del Capítulo 8

- ¡Comienza ya!

Parte 3

Capítulo 9: Mercados financieros

"Antes de hablar, escucha. Antes de escribir, piensa. Antes de gastar, ahorra. Antes de invertir, investiga". — William A. Ward

Los mercados financieros son como un vasto océano, donde las aguas tranquilas pueden transformarse impredeciblemente en tormentas turbulentas. Como inversor, especialmente en la fase de la vida donde la estabilidad a menudo supera el riesgo, necesitas saber cómo gestionar la volatilidad. En este capítulo se examinarán los ciclos del mercado y sus efectos sobre el ahorro para la jubilación. Obtendrás información para proteger tu estrategia financiera contra los inevitables flujos y reflujos de las condiciones del mercado.

9.1 Entender los ciclos del mercado y su impacto en tu retiro

Explicación de los ciclos de mercado

Los ciclos de mercado representan el crecimiento y el declive natural y periódico de la actividad económica y suelen tener cuatro fases: expansión, pico, contracción y depresión. Durante la expansión, los indicadores económicos —como el empleo y la producción— aumentan, lo que a menudo conduce a una mayor confianza de los inversores y a valoraciones más altas del mercado. Esta fase es seguida por el pico, donde el crecimiento alcanza su punto máximo y el mercado se sobrevalora. Lo que sigue es una contracción, en la que las actividades económicas se ralentizan y los mercados retroceden, y esto puede ocasionar un descenso de la avidez de los inversores y una disminución de los precios de los activos. Por último, la fase de bajada representa el fondo del ciclo, desde donde comienzan a recuperarse las actividades económicas, preparando el terreno para la próxima expansión.

Estos ciclos influyen directamente en los rendimientos de las inversiones y en el comportamiento del mercado. La fase de expansión ha ofrecido sólidas oportunidades de inversión, con precios de las acciones en alza y previsiones económicas optimistas. Sin embargo, la fase de contracción plantea riesgos significativos, que a menudo conducen a correcciones del mercado o mercados bajistas. Al reconocer en qué fase se encuentra actualmente el mercado (o hacia donde se dirige) puedes preparar y posicionar mejor tus ahorros para capitalizar las oportunidades de crecimiento o protegerla de pérdidas indebidas.

Efectos a largo plazo sobre el ahorro jubilatorio

Para los jubilados o quienes se acercan a la jubilación, la intersección de los ciclos del mercado y las estrategias de inversión adquieren una importancia medular. La principal preocupación aquí es el momento en que ocurren las recesiones del mercado en relación con el inicio del retiro, lo que comúnmente se conoce como el riesgo de la «secuencia de los retornos». Si el mercado financiero se desacelera en las primeras etapas de tu jubilación, justo cuando empiezas a retirar fondos para cubrir tus gastos de vida, esto puede reducir de manera desproporcionada la duración de tu cartera de pensiones. Por el contrario, si obtienes rendimientos positivos al comienzo de la jubilación, puedes aumentar significativamente la longevidad de tus ahorros.

Es crucial mantener una visión a largo plazo de tus inversiones, independientemente de las fluctuaciones del mercado a corto plazo. No se trata solo de sobrevivir a los ciclos, sino de posicionar estratégicamente tu cartera para que siga creciendo y te sustente durante tus años de jubilación. Ajustar la asignación de activos en función de las diferentes fases del mercado puede ayudarte a mitigar los riesgos y aprovechar las oportunidades, para que tus ahorros jubilatorios sigan cubriendo tus necesidades financieras.

Usar datos históricos para planear el futuro

Los datos históricos del mercado son de gran valor para planificar y seguir eficazmente los diversos ciclos del mercado. Esta información detalla cómo han funcionado las diferentes clases de activos a lo largo de los ciclos económicos pasados, lo que puede guiar tus decisiones de inversión y ajustes estratégicos. Por ejemplo, estudiar el rendimiento de las acciones, los bonos y los bienes raíces durante recesiones anteriores puede ayudarte a comprender qué inversiones probablemente ofrezcan mejor protección o crecimiento en eventos futuros similares.

Además, los datos históricos pueden ayudarte a establecer expectativas realistas sobre los rendimientos de la inversión y a poner a prueba tu plan de jubilación en diferentes escenarios económicos. Al comprender la variedad de resultados experimentados en el pasado, estarás mejor preparado para posibles fluctuaciones futuras, para que tu estrategia de jubilación se mantenga sólida y adaptable a las condiciones cambiantes del mercado.

9.2 Estrategias de gestión de riesgo para retirados

Es momento de discutir si, o cuándo, deberías contratar a un asesor financiero. Invertir es complejo, proteger las inversiones es complejo y tomar las decisiones correctas también lo es. Los asesores financieros cobran de diferentes maneras, así que elige la opción que mejor se adapte a tu situación. Algunos cobran un porcentaje de los activos que gestionan, y pueden requerir que tengas una cantidad mínima invertida para utilizar sus servicios. Otros cobran una tarifa fija, lo cual recomiendo. Si tu horizonte temporal es más largo y tus finanzas o la cantidad que puedes contribuir al ahorro para la jubilación son menores, esta opción podría ser la más adecuada. También hay asesores financieros que cobran por hora para trabajar contigo en la creación de tu plan.

Si tus finanzas son complejas, estás pasando por un cambio significativo en tu vida o no te sientes cómodo con el enfoque de hacerlo por ti mismo, considera buscar un asesor financiero. El enfoque DIY (hazlo tú mismo) funciona bien si te educas (como al leer este libro), tienes buenos hábitos financieros y de ahorro, y te gusta investigar y utilizar recursos en línea de buena reputación. Muchos asesores robotizados altamente calificados administran y reequilibran regularmente tu cartera en función de tu perfil de riesgo y objetivos, utilizando algoritmos, y las comisiones suelen ser bajas. Esto se trata con mayor detalle en el capítulo dedicado a la tecnología.

Si decides utilizar un asesor financiero, es importante que hagas tu propia indagación. Evita la posibilidad de ser estafado: ignora las propuestas de inversión no solicitadas. Puedes pedir recomendaciones a familiares y amigos, pero luego investiga por tu cuenta al profesional o empresa. Muchas personas eligen a alguien solo porque un amigo lo hace, pero te animo a que hagas tu propia investigación sobre cualquier referencia. Lo último que quieres es quedar atrapado en algo que sea difícil de entender, del cual no puedas salir fácilmente y que te cueste mucho dinero. Tampoco querrás un asesor que tenga un conflicto de intereses entre en qué inviertes y cómo le pagan.

También existen sitios de Planificador Financiero Certificado donde puedes buscar a alguien con credenciales. Por último, infórmate sobre tu situación financiera, como discutimos en los capítulos anteriores, para que puedas asistir a una reunión con un asesor financiero como un participante activo y bien informado. Ahora que hemos resuelto eso, vamos a abordar algunos temas más complejos.

Cambiar el sentido del ahorro antes de jubilarte

Justo antes y después de la jubilación se debería cambiar el objetivo del ahorro: de acumulación de riqueza a la preservación de la riqueza y la generación de flujos de ingresos estables.

Evaluar tu tolerancia personal al riesgo es el primer paso en este proceso. Ya lo hemos examinado en una sección anterior, y vimos que es subjetivo y varía ampliamente entre las personas. La tolerancia al riesgo está influenciada por ciertos factores: la situación financiera, el tiempo que resta hasta tu jubilación y tu capacidad (en general) para manejar las fluctuaciones del mercado. Por ejemplo, si tus fondos de jubilación necesitan durar otros 20 o 30 años, es posible que tengas un enfoque de riesgo diferente al de alguien con un horizonte temporal más corto. También puedes encontrar que la tolerancia al riesgo cambia con el tiempo a medida que se modifican tus condiciones de vida. No conviene tomar decisiones impulsivas que pongan en peligro tus finanzas de largo plazo: haz nuevamente el cuestionario de evaluación de riesgos mencionado en el capítulo 3.

9.3 Cuándo reequilibrar tu portafolio de inversiones para el retiro

Reequilibrar tu cartera de inversiones es una estrategia financiera sólida, especialmente cuando te preparas para la jubilación. Los activos tienen rendimiento variable a lo largo del tiempo, y puedes modificar la asignación inicial que realizaste en tu cartera. Por ejemplo, durante un mercado alcista, la proporción de acciones en tu cartera podría crecer significativamente, superando el nivel deseado de exposición al riesgo. Por el contrario, podrías adquirir activos más seguros —como los bonos— durante una recesión de mercado. El reequilibrio regular es esencial para alinear nuevamente tu cartera con tus objetivos de inversión originales y tu tolerancia al riesgo. Esto garantizará que tus inversiones sigan siendo adecuadas para tus necesidades financieras y que la exposición al riesgo se maneje de manera efectiva.

Reequilibrar significa ajustar el peso de los diferentes activos en tu cartera a niveles que permitan alcanzar tus objetivos. Este proceso ayuda a reducir el riesgo al limitar la sobreexposición a activos con rendimientos excesivos, y te permite mejorar tus rendimientos comprando activos con un rendimiento inferior a precios más bajos. Dos estrategias comunes para el reequilibrio son el calendario y el umbral. El reequilibrio por calendario implica revisar y ajustar tu cartera en intervalos regulares, como anualmente o semestralmente. Este método sencillo puede ayudarte a mantener la disciplina en tu enfoque inversionista, y garantiza que revises y ajustes tus inversiones de manera regular, independientemente de las condiciones del mercado.

El reequilibrio del umbral, por otra parte, se activa cuando la asignación real de activos se desvía de la asignación objetivo en un porcentaje predeterminado, generalmente entre el 5 % y el 10 %. Por ejemplo, si tu objetivo de asignación a las acciones es del 50 % y la asignación real sube al 60 % o baja al 40 %, se llevaría a cabo un reequilibrio. Este método garantiza que tu cartera se ajuste solo cuando sea necesario, lo que puede reducir el número de transacciones y los costos asociados en comparación con el reequilibrio por calendario. Sin embargo, requiere una supervisión más activa de la cartera para seguir de cerca los porcentajes de asignación.

Implicaciones tributarias del reequilibrio

Si bien el reequilibrio es beneficioso para mantener los niveles de riesgo y alinear tus inversiones hacia tus objetivos financieros, también tiene implicaciones fiscales, especialmente por la venta de activos que hayan aumentado su valor. La realización de ganancias por estas ventas puede generar impuestos sobre las ganancias de capital, lo que podría impactar tu carga fiscal general. Para minimizar estos impactos, es crucial una planificación cuidadosa. Una estrategia efectiva es aprovechar cuentas con beneficios fiscales, como los IRA o 401(k), para realizar las acciones de reequilibrio. Dado que las transacciones dentro de estas cuentas no generan consecuencias fiscales, puedes reequilibrar sin afectar tu situación impositiva. Para las cuentas sujetas a impuestos, considera estrategias como la recolección de pérdidas fiscales para compensar las ganancias o programar la venta de activos en años con menores ingresos, lo que podría reducir la tasa impositiva aplicada a las ganancias de capital.

La jubilación es un acontecimiento importante que puede llevar a una asignación más conservadora de activos para protegerte contra la volatilidad del mercado. Sin embargo, otros cambios —como los relacionados con tu salud, las necesidades de tus seres queridos o incluso cambios económicos más generalizados— pueden requerir ajustes en tu estrategia de inversión. Por ejemplo, un problema de salud podría aumentar los gastos médicos, lo que demandaría mayor liquidez en tu cartera. Por otro lado, si recibes una herencia podrías dirigir fondos adicionales e incrementar las inversiones en activos orientados al crecimiento. Adaptar tu estrategia de reequilibrio en respuesta a estos eventos importantes asegura que tu cartera responda eficazmente a tus necesidades y objetivos financieros cambiantes.

Incorporar el reequilibrio regular de la cartera en tu planificación de jubilación no es solo una necesidad financiera actual, sino que garantizará la seguridad de tus finanzas a largo plazo. Al gestionar diligentemente tus activos, proteges tus inversiones contra riesgos excesivos y alineas tu cartera con tu situación financiera actual y tus aspiraciones futuras. Este enfoque proactivo de gestión de inversiones te ayudará a lograr estabilidad financiera y te brindará tranquilidad: tus ahorros para el retiro están optimizados para cumplir con su finalidad durante la jubilación.

9.4 Aspectos psicológicos de invertir: mantener la calma en tiempos turbulentos

Invertir puede sentirse a veces como subir a una montaña rusa: con emocionantes subidas a nuevas alturas, seguidas por repentinos y agitados descensos. No es sorprendente que esta volatilidad provoque fuertes respuestas emocionales —especialmente miedo y avaricia— entre los inversores. El miedo puede atraparte durante las crisis del mercado: querrás vender tus inversiones para evitar más pérdidas, lo que podría hacer que te pierdas la inevitable recuperación del activo. Por el contrario, el exceso de entusiasmo puede surgir durante los repuntes del mercado, y te tentará a invertir más en busca de mayores ganancias, a menudo cuando los precios ya están en su punto máximo. Aunque son reacciones completamente humanas, ambas pueden llevar a malas decisiones, si no se gestionan adecuadamente.

Para actuar racionalmente, ancla tu estrategia de inversión en objetivos financieros claros y a largo plazo. Establecer y seguir objetivos bien definidos te proporciona una hoja de ruta y puede reducir la tentación de reaccionar impulsivamente ante las fluctuaciones del mercado. Este enfoque requiere un compromiso disciplinado con tu plan financiero a largo plazo, independientemente de los movimientos del mercado en el corto plazo. Además, revisar con demasiada frecuencia tu cartera de inversiones puede aumentar la ansiedad y llevar a decisiones apresuradas. Haz revisiones con una frecuencia razonable (por ejemplo: trimestrales). Esto te ayudará a enfocar en los resultados a largo plazo, en lugar de considerar variaciones a corto plazo.

La educación financiera es muy beneficiosa para aumentar tu confianza y reducir la ansiedad respecto a las condiciones del mercado. El conocimiento es una herramienta poderosa que desmitifica complejidades y te permite tomar decisiones informadas. Considera utilizar una variedad de recursos educativos para mejorar tu comprensión. Libros como *The Intelligent Investor*, de Benjamin Graham, ofrecen conocimientos fundamentales sobre inversión y la sabiduría del enfoque en la inversión de valor, mientras que cursos en línea en plataformas como Coursera o Khan Academy brindan lecciones accesibles sobre economía y finanzas. Suscribirte a portales de noticias financieras confiables también te ayudará a mantenerte informado sobre las tendencias del mercado y el desarrollo económico, permitiéndote contextualizar tus decisiones de inversión dentro del panorama económico más amplio.

Los desafíos psicológicos de la inversión no consisten en eliminar las emociones, sino en gestionarlas eficazmente para tomar decisiones racionales y estratégicas. Al establecer metas claras, moderar la frecuencia con la que revisas tus inversiones, aprovechar la experiencia de asesores financieros y educarte continuamente, puedes cultivar un enfoque equilibrado e informado para invertir.

Revisión del Capítulo 9

- Debes entender cómo el mercado afecta tus cuentas de jubilación

Capítulo 10: Técnicas avanzadas de planificación fiscal

"En la actualidad requiere más esfuerzo e inteligencia completar una declaración de impuestos que lo que toma generar ingresos". —Alfred E. Neuman

El complejo sistema de reglas y regulaciones fiscales en la jubilación puede parecer intimidante, pero dominar este aspecto de las finanzas será crucial para maximizar tus ingresos y preservar tu patrimonio. La gestión estratégica de los impuestos no termina cuando dejas de recibir tus cheques regulares; se traslada a una nueva fase en la que cada decisión de retiro e inversión puede tener implicaciones fiscales importantes. Este capítulo explicará las complejidades de las estrategias fiscales eficientes durante la jubilación, y te permitirá gestionar e incluso reducir tus obligaciones fiscales de manera efectiva. Si sigues estas estrategias podrás mejorar tu estabilidad financiera y disfrutar de una jubilación próspera.

10.1 Estrategias de retiro fiscalmente eficientes en la jubilación

El orden de los retiros

El orden en que retiras dinero de tus diferentes cuentas puede tener un impacto significativo en tu carga fiscal.

Generalmente, las cuentas financieras se dividen en tres tipos: imponibles, diferidas y libres de impuestos. Cada una tiene implicaciones fiscales distintas, y aprovechar estratégicamente estas cuentas puede optimizar tu situación fiscal año a año. Puede ser beneficioso empezar retirando dinero de cuentas imponibles, como las de corretaje, donde las inversiones están sujetas a tipos impositivos sobre las ganancias de capital, que suelen ser inferiores a los impuestos ordinarios sobre la renta. Después, podrías recurrir a las cuentas con impuestos diferidos, como los IRA tradicionales y 401(k), en las que los retiros se gravan como ingresos ordinarios. Finalmente, las cuentas libres de impuestos, como los IRA Roth, deberían utilizarse al último, ya que ofrecen crecimiento libre de impuestos, brindando una valiosa diversificación fiscal durante la jubilación.

Si planificas el orden de los retiros, podrás reducir tu escala impositiva y disminuir la cantidad total de impuestos que pagas al jubilarte. Esta estrategia requiere una planificación cuidadosa y ajustes constantes, de acuerdo con los cambios en las leyes fiscales y tus finanzas.

Reglas y penalizaciones

Comprender las reglas que rigen las Distribuciones Mínimas Requeridas (DMR) —que vimos en el capítulo 7— resulta clave para la planificación fiscal durante la jubilación. Las DMR son retiros anuales obligatorios de cuentas de jubilación con impuestos diferidos, a partir de los 72 años. La cantidad específica que debes retirar cada año se calcula con base en el saldo de tu cuenta y los factores de esperanza de vida proporcionados por el IRS.

No tomar estas distribuciones resulta en penalizaciones severas, incluyendo un impuesto del 50 % sobre la cantidad de DMR no retirada. Para evitar estas sanciones, es fundamental calcular tus DMR de manera precisa y tener la certeza de que los retiros se realicen antes de la fecha límite, que generalmente es el 31 de diciembre de cada año, con una extensión especial hasta el 1 de abril del año siguiente solo para el primer año. Muchas instituciones financieras ofrecen servicios que calculan y distribuyen los DMR automáticamente, lo que ayuda a evitar errores y garantiza el cumplimiento de las normas del IRS. Aquí tienes una herramienta útil en el sitio web de AARP: https://www.aarp.org/retirement/required-minimum-distribution-calculator.

Utilizar figuras impositivas más convenientes

Este aspecto será clave para reducir tu carga fiscal en la jubilación. Planificar los retiros de manera que te mantengan dentro de los márgenes impositivos más bajos puede generar ahorros fiscales significativos. Una opción es dividir grandes retiros en varios años o hacerlos coincidir con años en los que esperas tener ingresos generales más bajos. Por ejemplo, si planeas vender una propiedad o un negocio, lo que podría aumentar temporalmente tus ingresos, podrías minimizar otros retiros ese mismo año para evitar saltar a un tramo impositivo más alto.

Esta estrategia requiere analizar tu situación financiera año a año y saber en qué tramo fiscal te encuentras. Herramientas como un software de previsión fiscal o el asesoramiento de un profesional tributario pueden ofrecerte información valiosa y ayudarte a planificar tus retiros de manera que se alineen con tus objetivos financieros, al mismo tiempo que minimizas las obligaciones fiscales.

Cómo proceder con las pérdidas fiscales

La recolección de pérdidas fiscales es una estrategia que consiste en vender inversiones que están generando pérdidas para compensar las ganancias que pudiste haber obtenido con otros activos. Al reconocer estas pérdidas, puedes manejar tus ganancias de capital y, potencialmente, reducir tu ingreso imponible. Es importante entender la «regla de lavado-venta», que te prohíbe reclamar una pérdida en un valor si recompras el mismo o uno sustancialmente idéntico dentro de los 30 días antes o después de la venta. Si se ejecuta correctamente, la recolección de pérdidas fiscales puede ser una herramienta poderosa para reducir tu carga fiscal general, especialmente en los años en que podrías tener ganancias de capital más altas de lo habitual.

Implementar la recolección de pérdidas fiscales requiere monitorear con cuidado tus inversiones y estar atento a las oportunidades en las que vender una inversión con pérdidas podría beneficiar tu situación fiscal. Esta estrategia requiere equilibrar el saber cuándo mantener una inversión para una posible recuperación futura y cuándo vender para obtener beneficios fiscales inmediatos. Consultar con un asesor financiero o profesional tributario puede ayudarte a determinar el mejor enfoque para tu situación particular, permitiéndote maximizar los beneficios de la recolección de pérdidas fiscales y manejar las complejidades de las ganancias y pérdidas de capital.

10.2 Entender las implicancias de la conversión de Roth

Si analizas la posibilidad de convertir un IRA tradicional en un IRA Roth verás que hay muchos beneficios a largo plazo, especialmente en la gestión fiscal y la planificación de la jubilación. Una conversión de IRA Roth implica transferir fondos de un IRA tradicional —donde las contribuciones son diferidas de impuestos— a un IRA Roth, que ofrece crecimiento libre de impuestos y retiros sin impuestos. Una de las mayores ventajas de esta conversión es que, aunque la conversión inicial aumenta tu ingreso imponible en el año en que la realizas, todas las ganancias y retiros futuros del IRA Roth estarán libres de impuestos, siempre que se cumplan ciertas condiciones.

Además, los IRA Roth no requieren distribuciones mínimas obligatorias durante la vida del titular, a diferencia de los IRA tradicionales, que exigen retiros a partir de los 72 años. Esta característica permite que tu inversión siga creciendo sin impuestos, brindándote mayor flexibilidad en la planificación patrimonial. También facilita la herencia, ya que puedes transferir la cuenta a tus herederos sin que enfrenten consecuencias fiscales inmediatas, lo que te permite gestionar tu legado financiero de manera más estratégica, de acuerdo a tus objetivos personales y familiares.

Sin embargo, la decisión de convertir un IRA tradicional a un Roth IRA presenta ciertas complejidades en lo tributario, en especial en el corto plazo. Cuando conviertes un IRA tradicional a un Roth IRA, el monto transferido se considera ingreso imponible en el año de la conversión. Esto podría llevarte a un rango impositivo más alto, aumentando significativamente tu deuda tributaria para ese año. Por lo tanto, es fundamental evaluar con cuidado tu situación fiscal actual y tus expectativas de ingresos futuros. Realizar una conversión de Roth en un año en el que tus ingresos son bajos o cuando las tasas impositivas son favorables puede ayudar a mitigar el impacto fiscal de la conversión.

El momento de la conversión depende de tu situación financiera y de las condiciones económicas generales. Por ejemplo, si anticipas una disminución temporal en tus ingresos o si las condiciones del mercado han reducido temporalmente el valor de tus inversiones para la jubilación, podría ser un buen momento para considerar la conversión. Ingresos más bajos pueden mantener el costo de la conversión bajo, y los valores deprimidos del mercado te permitirían convertir una porción mayor de tu cuenta con menores obligaciones fiscales. Por el contrario, si esperas que las tasas de impuestos o tus ingresos aumenten, realizar una conversión ahora podría ahorrarte dinero a largo plazo.

10.3 Planificación de la herencia: consideraciones fiscales para mantener tu legado intacto

Planificar la herencia implica decidir cómo se distribuirán tus activos cuando ya no estés. También abarca una serie de consideraciones fiscales que pueden impactar en gran manera en el valor del patrimonio que dejas y el bienestar financiero de tus herederos. Comprender los impuestos sobre bienes, utilizar fideicomisos y utilizar eficientemente instrumentos legales como la donación es esencial para crear un plan de herencia eficiente en términos fiscales. Al planificar en profundidad estos aspectos, puedes tener la tranquilidad de que tu legado llegue intacto a tus seres queridos, con menos cargas fiscales.

Lo básico sobre impuestos sucesorios

Los impuestos sucesorios se aplican durante la transferencia de la propiedad tras el fallecimiento. Estos impuestos gravan la herencia bruta, que incluye todos tus activos: bienes raíces, inversiones, intereses comerciales y otros bienes, antes de aplicar deducciones por deudas, gastos funerarios o donaciones caritativas. Es importante entender quién podría verse afectado por los impuestos sobre bienes, ya que suelen impactar a las propiedades que superan ciertos topes establecidos por las leyes federales y estatales.

A partir del 1 de enero de 2024, la exención del impuesto federal sobre propiedades es bastante alta, excluyendo de impuestos a las propiedades con un valor inferior a 13.6 millones de dólares por persona y 27.2 millones de dólares para una pareja casada, con límites ajustados por inflación. No obstante, es crucial mantenerse informado, ya que estas leyes pueden cambiar y los topes pueden variar significativamente. Además, algunos estados también tienen sus propios impuestos sobre bienes, con límites para las exoneraciones más bajos y tasas diferentes. Si tu herencia se acerca o supera estos topes, es fundamental planificar cómo minimizar los impuestos que gravarían a tus herederos.

Utilización de fideicomisos

Los fideicomisos se utilizan para gestionar cómo se administran tus activos, tanto durante tu vida como después de tu fallecimiento. Existen varios tipos de fideicomisos, cada uno con propósitos específicos, que pueden ser muy útiles para la gestión de impuestos de herencia y la protección de tus bienes. Los **fideicomisos revocables**, o fideicomisos en vida, te permiten mantener el control sobre tus activos mientras vives, y estos se transfieren a los beneficiarios designados tras tu muerte sin necesidad de pasar por un proceso de legalización. Esto facilita una transición sin problemas de los activos, pero **no ofrece protección frente a los impuestos sobre bienes**, ya que los activos en un fideicomiso revocable aún se consideran parte de tu patrimonio imponible.

Por otro lado, los **fideicomisos irrevocables** transfieren permanentemente la propiedad de tus activos al fideicomiso, eliminando tu propiedad legal sobre ellos. Aunque este tipo de fideicomiso es más complejo y menos flexible, ofrece ventajas significativas para reducir el impuesto sobre sucesiones, ya que los activos en un fideicomiso irrevocable dejan de formar parte de tu patrimonio imponible. Al elegir cuidadosamente el tipo de fideicomiso y estructurarlo de manera adecuada, puedes proteger una porción considerable de tus activos de los impuestos sobre bienes, para tener la tranquilidad de que la mayor parte de tu legado llegue a tus herederos.

Estrategias de donación

También puedes reducir de manera eficaz tu patrimonio imponible a través de donaciones. El IRS te permite donar una cierta cantidad por año a tantas personas como desees sin incurrir en impuestos de donaciones. Esto es conocido como «la exclusión anual de donaciones», y en 2024 esta cantidad es de $ 18.000 por beneficiario. Si cada cónyuge está regalando, entonces un receptor puede obtener $ 36.000. Puedes reducir tu patrimonio cada año, regalando dinero u otros activos hasta esta cantidad a cualquier número de personas, sin tributar.

Además de este mínimo, hay una exención de impuestos en las donaciones que se hacen a lo largo de la vida, que se ajusta al monto de la exención del impuesto de sucesión. Puedes donar una cantidad sustancial en vida sin estar gravado con el impuesto a las donaciones. El uso estratégico de estos subsidios puede reducir tu patrimonio imponible, minimizando así los impuestos sobre la herencia después del deceso.

Impacto en los beneficiarios

Las decisiones que tomes durante la planificación sucesoria, como la designación de beneficiarios para tus cuentas de retiro y otros activos, pueden tener importantes implicaciones fiscales para tus herederos. Por ejemplo, si designas a alguien que no sea tu cónyuge como beneficiario de una cuenta de jubilación con impuestos diferidos, como un IRA tradicional, esa persona podría enfrentar diferentes obligaciones fiscales. Los beneficiarios no cónyuges suelen estar obligados a tomar distribuciones del IRA heredado según las reglas establecidas, lo que podría forzarlos a realizar retiros más grandes en un período de tiempo más corto, llevándolos potencialmente a tramos impositivos más altos.

Si estructuras correctamente tu plan patrimonial con estas consideraciones podrás tener la certeza de que tus activos se distribuyan conforme a tus deseos y que tus herederos puedan gestionar la herencia con una carga fiscal mínima. Esto puede implicar designar ciertos activos a herederos específicos según su situación fiscal o establecer fideicomisos que proporcionen distribuciones más controladas, para ayudar a mitigar los impactos fiscales.

Al integrar estas estrategias en tu planificación patrimonial habrá una mejora significativa en la eficacia de transferir tu riqueza a la próxima generación. Una planificación cuidadosa te permite reducir las cargas fiscales, garantizando que tu legado se preserve de acuerdo con tus deseos y proporcionando la tranquilidad de que tus seres queridos estarán financieramente protegidos mucho después de tu partida.

10.4 La beneficencia y sus ventajas tributarias

Los actos caritativos no solo benefician a la sociedad, sino que también pueden ofrecer importantes ventajas fiscales, especialmente para los jubilados que buscan gestionar sus ingresos imponibles. Las donaciones en efectivo son uno de los métodos más sencillos, y permiten ser deducidos hasta un 60 % de tu ingreso bruto ajustado (AGI). El AGI es una medida de ingresos utilizada para determinar qué parte de tus ingresos es imponible. Se calcula a partir de tus ingresos brutos, ajustados con deducciones específicas permitidas por el IRS. Esta cifra es crucial, ya que influye en tu elegibilidad para ciertos créditos y exoneraciones fiscales.

Sin embargo, donar acciones o valores que han apreciado puede ser una estrategia fiscalmente eficiente si deseas aprovechar al máximo activos de valor. Este método te permite evitar pagar el impuesto sobre las ganancias de capital por el aumento en el valor, lo cual puede ser sustancial si has conservado esos valores durante mucho tiempo.

Además, donar directamente desde un IRA puede ser una opción atractiva para las personas mayores de 70 años y 6 meses. Las Distribuciones de Caridad Calificadas (QCD) permiten donar hasta $ 100.000 por año directamente desde tu IRA a una organización benéfica calificada. Esta cantidad cuenta para tus Distribuciones Mínimas

Requeridas (RMD), pero no se considera ingreso imponible. Es una estrategia poderosa para reducir tu ingreso imponible y los impuestos sobre los beneficios del Seguro Social, mientras cumples con los requisitos de tus RMD.

Otra opción estratégica son los Fondos asesorados por donantes (DAF), que ofrecen flexibilidad y ventajas fiscales potenciales. Al contribuir a un DAF, puedes obtener una deducción fiscal inmediata en el año en que realizas la donación, aunque los fondos pueden distribuirse a las organizaciones benéficas a lo largo de varios años. Esto te permite hacer una contribución inicial más significativa, lo que podría situarte en un rango de deducción más alto, mientras mantienes control sobre cómo se desembolsan tus donaciones. Los DAF son particularmente útiles para gestionar donaciones en años de altos ingresos, ya que permiten planificar las obligaciones fiscales frente a picos irregulares de ingresos.

Para tener la certeza de que recibirás los beneficios fiscales que te corresponden es esencial que lleves registro de tus contribuciones a la caridad. Si se trata de donaciones en efectivo, es necesario mantener registros bancarios o comunicaciones escritas de la organización benéfica que incluyan la fecha y el monto de la contribución. En el caso de donaciones no monetarias, como bienes o acciones, se requiere una documentación más detallada, incluyendo la forma en que se determinó el valor, especialmente si este supera los $ 500. Para donaciones que excedan los $ 5.000, a excepción de los gastos de bolsillo y valores cotizados en bolsa, puede ser necesaria una evaluación formal. Mantener una documentación adecuada garantiza que tus contribuciones benéficas puedan ser justificadas ante una auditoría del IRS, preservando las ventajas fiscales que planeaste.

Estas estrategias de donación caritativa no solo te ayudan a gestionar tu carga fiscal, sino que también permiten tener un impacto significativo en las causas que te importan.

Revisión del Capítulo 10

- Considera la estrategia de impuestos que beneficiará tu retiro y a tus herederos

Parte 4

Capítulo 11: Adaptarse al cambio durante el retiro

"Jubílate de tu empleo, pero no de la vida". —M.K. Soni

La jubilación se concibe a menudo como un período sereno que puede verse ocasionalmente interrumpido por eventos inesperados que amenazan la estabilidad financiera. Así como un barco puede resistir tormentas imprevistas, si tiene un capitán experimentado, con una preparación meticulosa y las herramientas adecuadas, tus finanzas podrán también soportar los desafíos impredecibles de la vida. Este capítulo te brindará las estrategias y los conocimientos necesarios para manejar los gastos inesperados que podrían surgir durante la jubilación, para que no se desbaraten tus planes. Ya hemos discutido la necesidad de un fondo de emergencia y una cobertura adecuada de seguro; ahora, miremos más allá.

11.1 Técnicas flexibles de presupuestación

Ser flexible en tu presupuesto te ayudará a manejar los gastos inesperados. Esto implica reservar una parte de tu presupuesto mensual, para poder utilizar en caso de imprevistos sin afectar tus gastos habituales. Revisa tu presupuesto regularmente para ajustarlo a los cambios en tus finanzas y considera el uso de software o aplicaciones de presupuestación para ayudarte a rastrear tus gastos, y así realizar actualizaciones más dinámicas.

Gestionar los gastos imprevistos requiere combinar previsión, preparación y las herramientas financieras adecuadas. Al anticipar posibles perturbaciones financieras e incorporar estrategias para abordarlas de manera proactiva, puedes garantizar que tu jubilación permanezca segura, incluso al enfrentar imprevistos. Este enfoque proactivo protege tus finanzas y te brinda la tranquilidad que te permitirá disfrutar plenamente de tu jubilación y estar seguro de tu capacidad para manejar los desafíos.

11.2 El impacto de mudarte a una casa más pequeña en tus finanzas

Cuando se considera la posibilidad de mudarse a una casa más pequeña o a un área menos costosa durante la jubilación, los beneficios financieros pueden ser considerables. Sin embargo, es importante hacer un análisis cuidadoso para que estas decisiones se alineen con tus metas de jubilación y estilo de vida. Mudarse a una casa más pequeña a menudo lleva a una disminución en los gastos de vida debido a menores pagos hipotecarios o de alquiler, así como menores costos de servicios públicos, impuestos sobre la propiedad y gastos de mantenimiento del hogar, por ejemplo, al reducir costos de calefacción, refrigeración y mantenimiento.

Además, si decides mudarte a un estado con impuestos sobre la propiedad más bajos o sin impuestos estatales, tus gastos anuales pueden disminuir significativamente, lo que te permitirá aprovechar aún más tus ahorros para la jubilación.

Sin embargo, la decisión de reducir el tamaño y reubicarse no se trata solo de números, sino también de calidad de vida. Es importante considerar tanto los beneficios financieros inmediatos como el impacto a largo plazo en tu estilo de vida. Por ejemplo, mudarte a una casa más pequeña podría significar menos espacio para reuniones familiares, lo que podría ser un cambio significativo si esas ocasiones son una fuente importante de felicidad en tu vida. De manera similar, mudarte a una nueva área puede ofrecer ahorros financieros, pero también podría implicar vivir más lejos de amigos, familia o entornos sociales conocidos, lo que podría generar sentimientos de aislamiento si no se maneja adecuadamente. Incluso podrías mudarte para estar más cerca de la familia de tus hijos, solo para descubrir que ellos tienen que mudarse por alguna razón, y te quedas en un lugar que no habrías elegido de no ser por eso.

También es crucial considerar los costos asociados a la reubicación. Estos pueden incluir los honorarios de bienes raíces, servicios de mudanza y posibles renovaciones o nuevos muebles para la casa. Los honorarios de bienes raíces, que suelen ser un porcentaje del precio de venta de la casa, pueden ser considerables, y los costos de los servicios de mudanza varían según la distancia y el volumen de pertenencias. Si tu nuevo hogar requiere reformas para adaptarse a tus necesidades de jubilación, como la instalación de elementos de accesibilidad, estos costos deben estar contemplados en tu planificación financiera. Además, los costos emocionales y sociales de alejarte de una comunidad conocida son menos tangibles, pero igualmente importantes. Establecer una nueva red social y encontrar nuevos proveedores de atención médica son solo algunos de los desafíos que pueden surgir al reubicarse en una nueva área.

11.3 Evaluación de nuevas locaciones

Elegir un nuevo lugar que se convierta en tu hogar durante la jubilación es una decisión importante que debes abordar con una evaluación detallada de varios factores clave. El costo de vida es una de las consideraciones más inmediatas; esto incluye no solo el costo de la vivienda, sino también el de los servicios públicos, alimentos, transporte y atención médica. Investigar y comparar el costo de vida en posibles nuevas ubicaciones puede ayudarte a evaluar si la zona elegida se ajusta a tus capacidades financieras y al presupuesto planificado para la jubilación.

Los servicios de salud son otro factor crítico, especialmente porque las necesidades médicas tienden a aumentar con la edad. La proximidad a centros médicos de calidad debe ser una prioridad, sobre todo si ya tienes condiciones de salud que requieren tratamiento o consultas regulares. El clima de la zona también es un aspecto que puede afectar tu calidad de vida. Algunas personas prefieren climas más cálidos para aliviar problemas de salud como la artritis, mientras que otras prefieren lugares con estaciones marcadas.

El cambio climático también debe ser una consideración en tus planes de mudanza. Los efectos del clima extremo pueden impactar de manera significativa tu calidad de vida, y es importante tener en cuenta cómo la intensidad de las estaciones podría afectar tu bienestar, ya sea que decidas mudarte o quedarte en tu lugar actual.

Además, considera la proximidad a familiares y amigos cuando evalúes nuevas ubicaciones. Mantenerte cerca de tus seres queridos puede mejorar significativamente tu calidad de vida y brindarte apoyo emocional y práctico durante la jubilación. Sin embargo, tu deseo de estar cerca de la familia debe equilibrarse con otros factores, como el costo de vida y tus preferencias acerca del estilo de vida.

Transición a una nueva comunidad

La integración en una nueva comunidad tras una mudanza durante la jubilación puede ser uno de los desafíos más grandes. Para facilitar esta transición, busca actividades comunitarias que se alineen con tus intereses. Muchas comunidades cuentan con centros para personas mayores, clubes o grupos que ofrecen oportunidades para la interacción social y la creación de nuevas amistades. El voluntariado es también una excelente forma de conocer gente, contribuir a la comunidad y mantenerte activo y comprometido.

Por último, sé paciente contigo mismo mientras te adaptas a tu nuevo entorno. Construir una nueva vida lleva tiempo, y es normal sentir una mezcla de emoción y nervios. Mantén una actitud abierta, sé proactivo en la creación de nuevas relaciones, y date tiempo para aclimatarte a tu nuevo entorno.

11.4 Planificación para la inflación y sus efectos sobre el ahorro para la jubilación

La inflación es una condición económica que se manifiesta como un aumento general de los precios y una disminución en el poder adquisitivo del dinero. Para los jubilados que dependen de ingresos fijos, el impacto de la inflación puede ser especialmente desafiante, ya que el costo de vida aumenta mientras sus ingresos permanecen relativamente estáticos. Comprender la inflación es crucial para mantener tus finanzas durante la jubilación, ya que impacta en varios aspectos, desde gastos en comestibles, hasta los costos médicos y de servicios públicos.

Históricamente, las tasas de inflación han fluctuado debido a diversos factores económicos, como la dinámica del mercado, las políticas gubernamentales y las condiciones económicas globales. Por ejemplo, los períodos de rápido crecimiento económico suelen llevar a una mayor inflación, mientras que las crisis económicas tienden a desacelerar las tasas inflacionarias. Al analizar datos históricos de inflación, puedes obtener información sobre posibles tendencias futuras y estar mejor preparado para enfrentar períodos de alta inflación. Este contexto histórico te permite prever y ajustar tus estrategias financieras para mitigar el impacto del aumento de los costos.

La inflación puede perjudicar el valor de tus ahorros si no se gestiona correctamente, por lo que es esencial incluir en tus inversiones activos que tengan el potencial de superar a la inflación. Las inversiones inmobiliarias suelen apreciarse con el tiempo, lo que garantiza una protección contra la inflación y también pueden brindar un flujo de ingresos constante (por alquileres). Los llamados *commodities*, productos básicos como el oro y el petróleo, son activos tangibles que tradicionalmente han mantenido su valor durante periodos de inflación. Incluir estos activos en tu cartera puede proporcionar un colchón frente a la disminución del poder adquisitivo de los ahorros en efectivo.

Otra estrategia eficaz para contrarrestar los efectos de la inflación es invertir en Títulos del Tesoro Protegidos contra la Inflación (TIPS). Estos bonos, emitidos por el gobierno, están específicamente diseñados para protegerse de la inflación. El valor principal de los TIPS se ajusta de acuerdo con los cambios en el índice de precios al consumidor, y el pago de intereses varía en consecuencia. Así, cuando la inflación aumenta, el valor principal de los bonos también lo hace, junto con los pagos de intereses, lo que ofrece una defensa eficaz contra las presiones inflacionarias.

Revisar y ajustar regularmente tu plan financiero para adaptarse a los cambios en el costo de vida es esencial para una jubilación segura. Evalúa tus tasas de retiro de las cuentas de jubilación para que reflejan tanto tus necesidades actuales como los índices de inflación. Por ejemplo, si inicialmente planeaste una tasa de retiro anual del 4 %, pero la inflación ha aumentado considerablemente tus gastos de vida, puede que necesites ajustar esa tasa para cubrir tus necesidades financieras sin agotar prematuramente tus fondos de jubilación.

También es importante tener en cuenta los ajustes en las prestaciones de la seguridad social y los planes de pensiones, que a menudo incluyen ajustes por costo de vida. Estos aumentan los pagos en función de los cambios en la tasa de inflación. Al mantenerte informado sobre estos ajustes y entender cómo impactan en tus ingresos, podrás administrar mejor tu presupuesto y mantener la estabilidad financiera a pesar de los retos que la inflación pueda presentar.

Actualizar tu plan de jubilación: cuándo y cómo

Los tiempos cambian, y tu plan de jubilación también debería hacerlo. No es un plan tallado en piedra, sino que es dinámico, debe evolucionar con los cambios económicos, tu estado de salud y los desarrollos familiares. Algunos indicadores de que es momento para una revisión pueden ser cambios en tu salud o en la de tu pareja que incrementen los gastos médicos, modificaciones importantes en los mercados financieros que afecten tus inversiones, o incluso cambios familiares, como un matrimonio, divorcio o el nacimiento de un nieto.

Revisar y actualizar tu plan de jubilación debe ser un proceso sistemático y completo. Es recomendable programar revisiones regulares, al menos una o dos veces al año. Durante estas revisiones, asegúrate de que tus inversiones sigan alineadas con tu tolerancia actual al riesgo y tus metas de jubilación. También es importante revisar tu testamento y cualquier fideicomiso, para que reflejen tus deseos y circunstancias familiares actuales. No debes pasar por alto tus pólizas de seguro; a medida que cambian las circunstancias de tu vida, también puede cambiar la cobertura que necesitas. Esta revisión integral debe incluir no solo la evaluación de documentos y estrategias, sino también una reconsideración de tu situación de vivienda, tus planes de atención médica y las disposiciones para el cuidado a largo plazo.

Adaptarte a nuevos productos financieros y cambios legales es también esencial. El mundo financiero está en constante evolución, con nuevos productos de inversión y cambios en las leyes fiscales que surgen regularmente. Mantente informado sobre estos cambios suscribiéndote a fuentes de noticias financieras confiables, asistiendo a talleres o consultando a tu asesor financiero. Por ejemplo, los cambios en las leyes tributarias pueden afectar la eficiencia de tus planes, y nuevos productos financieros podrían ofrecer mejores rendimientos o mayor seguridad para tu cartera de inversiones.

Las implicaciones emocionales y psicológicas de ajustar tu plan de jubilación son profundas y a menudo se pasan por alto. Los cambios importantes en tus finanzas pueden generar sentimientos de incertidumbre o estrés. Es fundamental reconocer estas emociones y abordarlas de forma constructiva. Tener conversaciones abiertas con tu familia sobre tus decisiones financieras también puede ser muy beneficioso. Manejar estas emociones te ayudará a mantener la claridad y a tomar las mejores decisiones para una jubilación tranquila y bien planificada.

Un plan de jubilación bien mantenido confiere certeza en la economía y se adapta a los cambios inevitables de la vida. Si asumes una actitud proactiva en el examen y actualizas tu plan, tendrás certeza sobre su solidez y vigencia, en cuanto a tu situación actual y objetivos. Esta adaptabilidad garantizará tu futuro financiero y te proporcionará tranquilidad: te sentirás preparado para lo que la vida te depare.

Revisión del Capítulo 11

- Ajusta tu presupuesto a lo largo de tu retiro

- Considera el impacto de comprar una vivienda más pequeña o de mudarte
- No pierdas de vista a las tasas de inflación y cómo afectan tu jubilación

Capítulo 12: Consideraciones sobre el estilo de vida durante el retiro

"La vida es una aventura audaz o nada en absoluto". — Helen Keller

La jubilación abre un nuevo capítulo de vida, rico en promesas de tiempo y libertad, a menudo inalcanzables durante los años de trabajo. Esta fase, aunque liberadora, también plantea un conjunto único de oportunidades y desafíos que pueden moldear significativamente la calidad de vida. Adoptar un nuevo estilo de vida en la jubilación no es simplemente llenar el tiempo: se trata de redefinirse a través de diversos pasatiempos, actividades educativas y emprendimientos que traen alegría y refuerzan la agilidad mental y la conectividad social.

12.1 Adoptar un nuevo estilo de vida: aficiones y actividades

Explorar nuevos intereses

Para muchos, la jubilación es el momento perfecto para explorar nuevos pasatiempos o revisitar viejos intereses guardados durante los ocupados años de trabajo. Ya sea que se trate de pintar, jardinería, fotografía o aprender a tocar un instrumento musical, la práctica de pasatiempos ha demostrado tener beneficios más allá del mero disfrute. La investigación sugiere que tales actividades pueden mejorar la función cognitiva y el bienestar emocional. Un estudio publicado en el Journal of Gerontology destacó que las personas mayores que se dedican a pasatiempos diversos y regulares exhiben mentes más agudas y menos deterioro cognitivo que aquellas que no lo hacen. Este compromiso cognitivo en la jubilación mejora la salud mental y proporciona un sentido de logro y expresión personal.

Oportunidades educativas para retirados

La búsqueda del conocimiento puede seguir igual con la edad. Muchas instituciones educativas y plataformas en línea ofrecen programas específicamente diseñados para personas mayores, que van desde cursos universitarios hasta talleres informales que le permiten profundizar en temas de interés, como la historia, la literatura o la ciencia. Por ejemplo, plataformas como Coursera y edX ofrecen acceso a cursos de universidades de todo el mundo, a menudo sin costo alguno o con un coste mínimo. Participar en estas oportunidades educativas puede brindarte estímulo mental y comprometerte socialmente. El aspecto social del aprendizaje en grupo, ya sea en línea o presencial, abre vías para la discusión y la construcción de conexiones con los compañeros e incorpora una dimensión comunitaria a la experiencia educativa.

Voluntariado

El voluntariado es otra actividad enriquecedora para los jubilados, pues ofrece una excelente manera para contribuir a la comunidad, a la vez de obtener una gran satisfacción personal. El voluntariado proporciona un sentido de propósito, ya sea ayudando en un banco local de alimentos, asesorando a los jóvenes estudiantes o participando en proyectos de embellecimiento comunitario. Contribuye a un sentido más fuerte de comunidad. Además, fomenta las conexiones sociales y puede conducir a nuevas amistades y experiencias de aprendizaje. La Corporación de Servicios Nacionales y

Comunitarios informa que los adultos mayores que se ofrecen voluntariamente experimentan una mayor satisfacción con su vida y menores tasas de depresión y ansiedad en comparación con aquellos que no lo hacen.

Iniciar un negocio o consultoría

La jubilación también podría ser el momento perfecto para monetizar un hobby o utilizar décadas de experiencia profesional iniciando un pequeño negocio o práctica de consultoría. Este camino proporciona beneficios financieros y te mantiene comprometido y mentalmente activo. Por ejemplo, un profesional de marketing retirado podría crear una empresa de consultoría para ofrecer su experiencia a las empresas emergentes, o alguien apasionado por el trabajo en madera podría vender sus productos en línea o en los mercados locales. El espíritu emprendedor puede ser gratificante, ya que ofrece la libertad de trabajar a su propio ritmo en proyectos que le son cercanos.

Participar en varias actividades durante la jubilación llenará tus días de alegría y propósito y contribuirá significativamente a tu salud física, cognitiva y emocional. Al explorar nuevos intereses, continuar educándote, hacer voluntariado e incluso emprender, puedes forjar un estilo de vida satisfactorio y dinámico para la jubilación que resuene con lo que aspiras.

12.2 El rol de los vínculos sociales durante el retiro

Conservar las relaciones más antiguas

Las amistades de larga data y los lazos familiares añaden riqueza y color a tu vida y se tornarán aún más importante cuando te jubiles. Estas relaciones han soportado los altos y bajos de la vida, han ofrecido alegría, apoyo y un sentido de continuidad. Sin embargo, la jubilación puede a veces traer distancias geográficas que hacen difícil mantenerse conectado. La adopción de las modernas tecnologías de la comunicación es un factor clave para mantener estas preciosas conexiones. Las videollamadas regulares a través de plataformas como Skype, Zoom o FaceTime pueden salvar grandes distancias, lo que te permitirá compartir momentos y mantener una conexión visual, muy similar a la presencia física.

Los reencuentros regulares, ya sea reuniones familiares anuales o viajes ocasionales para visitar a viejos amigos, también mantienen estas relaciones vívidas. Además, hacer un esfuerzo extra para celebrar ocasiones especiales (cumpleaños, aniversarios) puede mantener los lazos fuertes a pesar de las millas. Participar en actividades compartidas a distancia es beneficioso, como ver una película juntos a través de plataformas de transmisión en línea o iniciar un club de lectura virtual, lo que puede ayudar a mantener intereses compartidos y promover la interacción regular.

Construir nuevas amistades

A la vez de atesorar las antiguas amistades, la jubilación también abre la posibilidad de generar nuevas. Estas amistades se forman a menudo en torno a intereses compartidos o etapas vitales, proporcionan una perspectiva fresca y de apoyo mutuo, muy valiosa durante este período de transición. Es recomendable unirse a clubes o grupos que se alineen con tus intereses para cultivar estos nuevos lazos. Podría ser un club de jardinería local, una liga de golf o un grupo de artesanías. Muchos centros comunitarios y bibliotecas ofrecen grupos como estos específicamente adaptados a los jubilados.

Además, las comunidades en línea pueden ser un gran recurso, especialmente si la movilidad es un problema o vives en una zona remota. Sitios web como Meetup.com pueden conectarte con grupos o eventos locales basados en intereses específicos, que van desde la fotografía hasta el senderismo y la tecnología. Participar en estas comunidades expandirá tus vínculos y mejorará tu interacción social con actividades agradables, enriqueciendo tu experiencia de jubilación.

El papel de los centros comunitarios y la organización de adultos

Los centros comunitarios locales y las organizaciones de adultos mayores son fundamentales para enriquecer tu etapa jubilatoria, pues ofrecen muchas actividades sociales y recreativas diseñadas específicamente para retirados. Estos centros suelen brindar variados programas, desde sesiones de acondicionamiento físico para la tercera edad, talleres de arte, clases de tecnología y eventos sociales, como bailes y salidas en grupo. Se trata de actividades que te ayudan a mantenerte física y mentalmente activo, a la vez que permiten que socialices y conectes con otras personas. Participar en estos programas te ayudará a forjar nuevas amistades y a consolidar una rutina que reorganice tu vida cotidiana, lo que a menudo falta después de dejar el trabajo. Es importante destacar que en estos centros también puedes realizar voluntariado y así contribuir con la comunidad, mejorando aún más tu sentido de propósito y conexión.

Redes sociales y tecnología

En el mundo conectado de hoy, las plataformas y la tecnología de los medios sociales ofrecen oportunidades sin precedentes para mejorar las conexiones sociales. Aplicaciones como Facebook, Instagram o incluso LinkedIn no son solo para las generaciones más jóvenes: proporcionan al público en general herramientas valiosas para mantenerse en contacto con familiares y amigos, compartir actualizaciones de la vida y participar en grupos de interés especiales (viajes, hobbies). Sin embargo, por muy beneficiosas que puedan ser estas plataformas, es esencial abordarlas con una conciencia de la seguridad en línea. La protección de la información personal debe ser una prioridad. Ten cuidado al compartir información confidencial, como tu domicilio, detalles financieros o número de seguridad social. Ajusta la configuración de privacidad en las plataformas de redes sociales para controlar quién puede ver tus publicaciones e información personal. Además, ten cuidado con las estafas que a menudo se dirigen a personas mayores, que pueden aparecer como enlaces sospechosos, solicitudes falsas de amigos u oportunidades fraudulentas de inversión. Si te interiorizas sobre estos riesgos y tomas las precauciones necesarias, podrás disfrutar con seguridad de los beneficios de usar las redes sociales y ampliarás tu red de contactos.

12.3 Mantenerte activo y saludable para reducir costos de atención cardíaca

Mantener un estilo de vida activo y saludable no es solo una recomendación; es necesario, especialmente a medida que envejezcas. La actividad física regular es fundamental para la salud física, bienestar mental y estabilidad financiera, ya que puede reducir significativamente los costos de atención médica asociados con el envejecimiento sedentario. Una actividad muy recomendada para las personas mayores es caminar, que a menudo se considera la forma más accesible de ejercicio. Caminar no requiere de un equipo especial y puede ser ajustado para adaptarse a tu nivel de aptitud. Mejora la salud cardiovascular, fortalece los músculos y aumenta el estado de ánimo al liberar endorfinas. La natación y el aeróbic acuático son excelentes para aquellos que buscan opciones de bajo impacto y fáciles para las articulaciones, al tiempo que mejoran efectivamente la fuerza muscular y la salud cardiovascular. El yoga, otra actividad beneficiosa, mejora la flexibilidad y el equilibrio y promueve la calma mental y el enfoque para la salud cognitiva. Mientras tanto, ya sea estacionario o en bicicleta, el ciclismo es otra actividad recomendable para la salud cardiovascular que se puede disfrutar solo o en grupos, con grandes beneficios físicos y sociales.

Hay que abordar la importancia de las revisiones médicas periódicas. Estas medidas preventivas son fundamentales para detectar problemas de salud antes de que se vuelvan más graves. Las pruebas de detección regular, como los controles de la presión arterial, los niveles de colesterol, las pruebas de detección de diabetes y las pruebas de detección del cáncer, son vitales. Proporcionan una detección temprana que puede conducir a opciones de tratamiento más sencillas y rentables, con el potencial de ahorrar miles en futuros costos de atención médica. Además, mantenerse al tanto de estos chequeos médicos te permitirá disfrutar de tu jubilación, con buena salud para desarrollar tus actividades.

Nutrición y dieta

La dieta y la nutrición desempeñan un papel fundamental para mantener tu salud durante la jubilación. Las necesidades nutricionales cambian a medida que envejeces, y tu dieta debe reflejar estos cambios para que tu cuerpo obtenga los nutrientes necesarios para funcionar de manera óptima. Por ejemplo, el calcio y la vitamina D pueden ser necesarios para la salud ósea y prevenir la osteoporosis, mientras que los alimentos ricos en ácidos grasos omega-3, como el salmón y las nueces, son importantes para mantener la salud cardíaca y la función cognitiva. También es esencial gestionar las necesidades dietéticas relacionadas con enfermedades crónicas o el envejecimiento general, como la diabetes o problemas digestivos. Incorporar alimentos ricos en fibra favorece la digestión y previene problemas como el estreñimiento, frecuente en las personas mayores. Consultar con un nutricionista te ayudará a planificar una dieta que se adapte a tus necesidades específicas de salud, preferencias y restricciones dietéticas, garantizando una ingesta equilibrada entre salud y estilo de vida.

Salud mental

La salud mental y las actividades cognitivas son igualmente importantes en tu etapa jubilatoria. Participar regularmente en ejercicios cognitivos —como acertijos, lectura o aprender nuevas habilidades— mantiene la mente alerta y contribuye a retrasar o prevenir el declive cognitivo que suele estar asociado con el envejecimiento. Las actividades como el Sudoku, crucigramas o incluso aprender un nuevo idioma pueden proporcionar una estimulación mental que desafía al cerebro, y te mantendrán activo y comprometido. Participar en actividades sociales y mantener una red social también puede contribuir positivamente al bienestar mental, pues evitan el aislamiento y la depresión, que pueden afectar a muchos jubilados. Además, el compromiso mental regular a través de estas actividades proporciona un sentido de propósito y logro, enriquecerán tu vida cotidiana y bienestar general para los años posteriores.

Integrar estas prácticas con frecuencia mejora tu calidad de vida y mitiga los posibles gastos relacionados con la salud mental, lo que le permite asignar recursos a otras experiencias enriquecedoras durante tu jubilación.

12.4 La transición entre el empleo de tiempo completo y la jubilación

La transición de una vida laboral estructurada a la libertad de jubilación cambiará tu propósito y responsabilidades diarias. La planificación cuidadosa de esta transición puede aliviar en gran medida el estrés de un cambio tan importante en la vida. Una estrategia eficaz es la reducción gradual de las horas de trabajo o de las responsabilidades. Este enfoque permitirá adaptarte lentamente a un nuevo ritmo de vida, y que el ajuste sea menos abrupto. Negocia con tu empleador para pasar de un horario de tiempo completo a uno de medio tiempo o transiciona a un puesto de consultoría donde sea todavía provechosa tu experiencia, pero en un horario menos exigente. Este enfoque gradual no solo facilitará tu etapa de retiro, sino que además proporcionará sentido y compromiso continuos, mitigando las consecuencias emocionales y prácticas de la transición.

Retirarse de un empleo a tiempo completo puede sentirse como un cambio de identidad. Para muchos, su profesión no es solo un trabajo sino una parte importante de su concepto de sí mismos. Perder esta estructura diaria y el sentido de propósito puede llevar a sentimientos de pérdida o incertidumbre. Es preciso reconocer estas emociones como parte natural de la transición. Puedes participar en conversaciones abiertas con la familia, los amigos o incluso un consejero que pueda brindar apoyo para manejar estos sentimientos de manera efectiva. Además, establecer nuevos objetivos y desafíos puede reemplazar los objetivos que tenías en tu vida laboral. Ya sea que se trate de alcanzar una meta de fitness, aprender una nueva habilidad o viajar a un lugar en el que nunca hayas estado, estas metas pueden proporcionar nuevos hitos por los que luchar.

Crear una nueva rutina es esencial para evitar el aislamiento o el sedentarismo que a veces puede acompañar a la jubilación. Esta rutina debe equilibrar las actividades que promueven la salud mental y física con la relajación y la interacción social. Planifica tu jornada con actividades puede proporcionar estructura y variedad: paseos matutinos, horarios de lectura programados o citas regulares para tomar un café con amigos. También considera incorporar el trabajo voluntario o a tiempo parcial en un área que te apasione para mantener un sentido de propósito y conexión con la comunidad.

Al emprender el viaje de la vida después del trabajo, no debes considerar a la jubilación como un fin, sino como una oportunidad para redefinir la vida según tus propios términos. Esta es una oportunidad de utilizar las habilidades y el conocimiento que has acumulado a lo largo de tu vida en formas nuevas y satisfactorias. Podrías ser mentor de colegas más jóvenes o trabajar para ayudar a una organización benéfica local. La clave es ver esta siguiente etapa como una continuación, llena de potencial para el crecimiento personal y la exploración. Al acercarte a la jubilación con una mentalidad de adaptación y renovación, puedes hacer que estos años sean tan enriquecedores y dinámicos como los anteriores.

Revisión del Capítulo 12

- Prepárate emocionalmente para la transición del empleo a la jubilación
- Presta atención a los pasatiempos: explora nuevas actividades
- Considera la posibilidad de hacer voluntariado
- Mantén el contacto con familia y amigos, tanto viejos como nuevos
- Practica actividad física

Guía práctica para planificar la jubilación: Estrategias y consejos ingeniosos para incrementar el ahorro, diversificar las inversiones y planificar para la estabilidad de ingresos, incluso si has empezado tarde.

Ahora que tienes todo lo necesario para maximizar tu plan de jubilación o comenzar con el plan hoy mismo, es el momento de que transmitas estos conocimientos y muestres a otros lectores dónde pueden encontrar la misma ayuda.

Con algo tan simplemente, como dejar tu sincera reseña de este libro en Amazon, mostrarás a otras personas que necesitan una guía práctica para la planificación de la jubilación dónde pueden encontrar la información que están buscando y compartirás tu interés por planificar una jubilación segura.

Gracias por tu ayuda. Un plan de jubilación sólido se mantiene vivo cuando transmitimos nuestro conocimiento —y nos estás ayudando a hacer eso.

Conclusión

Al cerrar este debate en el ámbito de la planificación de retiro asumida desde varias perspectivas, es esencial reconocer que no se trata simplemente de un destino sino de un proceso continuo. El camino hacia una jubilación segura y satisfactoria evoluciona constantemente a medida que la vida lo hace. Los principios y estrategias explorados en este libro están diseñados para ser una guía, no solo hoy sino también en el futuro. Es preciso revisitarlos, refinarlos y ajustarlos a medida que cambian tus circunstancias y el mundo que te rodea.

Hemos cubierto los diversos componentes de un plan de jubilación sólido, desde el establecimiento de metas financieras claras y la comprensión de las complejidades de las cuentas de retiro, hasta la inversión inteligente, acorde con tu tolerancia al riesgo. Hemos profundizado en la planificación de los costos de atención médica, la gestión estratégica de impuestos y la preparación para lo inesperado. Cada elemento es un eslabón en el proceso mayor, que es tu planificación de la jubilación.

La adaptabilidad es clave. El escenario financiero, las condiciones del mercado y las circunstancias personales no son estáticas, sino que son tan dinámicas como la vida misma. Permanecer flexible y sensible a estos cambios ayudará a mantener la relevancia y la eficacia de tu plan jubilatorio.

En la era digital actual, la tecnología es una herramienta valiosa para gestionar la planificación de la jubilación con mayor eficiencia. Las herramientas, aplicaciones y recursos están a tu alcance, y te ayudarán a administrar tus finanzas, mantenerte actualizado con las últimas noticias financieras y protegerán tus activos en un mundo cada vez más digitalizado. Adopta estas herramientas, ya que pueden simplificar las complejidades y permitir decisiones más informadas.

Sin embargo, la planificación de la jubilación no se limita a las finanzas. También se trata de crear una vida después de la jubilación rica en conexiones, actividades y salud. Hemos discutido la importancia de mantener los lazos sociales, participar en pasatiempos y actividades físicas, y mantener la agudeza mental a través del aprendizaje continuo y desafíos. Estas actividades nutren el cuerpo y el alma, y favorecen la calidad de vida durante el retiro.

Planificar la sucesión y los aspectos legales también son importantes. Asegúrate de que tus testamentos, fideicomisos, directivas de salud y documentos de poder legal estén en su lugar y actualizados; esto te permitirá no solo proteger tus activos, sino asegurarte de que tus deseos sean honrados y de que cuidarás a tus seres queridos sin poner cargas indebidas sobre ellos.

No tienes que vivir como un tacaño ahora para tener una buena jubilación. Se trata de equilibrio: vive y disfruta ahora de la vida, mientras te aseguras de tener suficiente para tu jubilación. Comienza a ahorrar para tu retiro con depósitos regulares, según el tiempo que resta para tu jubilación. Una vez que veas tus ahorros jubilatorios como parte de los gastos mensuales regulares, sabrás cuánto tienes para tus necesidades actuales. ¡Vivir de tus medios y tener seguridad financiera es uno de los mejores sentimientos! La jubilación anticipada es un gran objetivo: sigue los consejos de este libro para ahorrar tanto como sea posible ahora, haz inversiones inteligentes y benefíciate del interés compuesto y el crecimiento del mercado.

Recuerda, una jubilación bien planificada no es solamente contar con seguridad financiera: se trata de construir una etapa de la vida realmente enriquecedora y satisfactoria. Ahora, da el primer paso: haz un análisis financiero completo; es el momento de actuar. Comienza de a poco si es necesario, pero empieza hoy.

Juntos, podemos enfrentar las incertidumbres futuras con confianza y optimismo. Este es tu camino hacia una jubilación vibrante, segura y alegre. Gracias por permitir que Sage Lifestyle Press y sus colaboradores sean parte de ella.

Glosario de términos del plan de retiro

Acciones: Las acciones, también conocidas como participaciones, representan la propiedad de una corporación. Al comprar una acción, es como si estuvieras adquiriendo una pequeña parte de una compañía. Como accionista, puedes beneficiarte del crecimiento y la rentabilidad de la empresa a través de dividendos y ganancias de capital. Las acciones se negocian en bolsas de valores y sus precios fluctúan según el rendimiento de la empresa y las condiciones generales del mercado.

Asignación de activos: La división de las inversiones entre diferentes categorías de activos, como acciones, bonos y efectivo, para equilibrar el riesgo y la recompensa según los objetivos del inversor y su tolerancia al riesgo.

Beneficiario: Es la persona o entidad designada para recibir activos de una cuenta de jubilación, póliza de seguro de vida, o testamento al momento del fallecimiento del titular de la cuenta.

Bonos: Son títulos de deuda emitidos por corporaciones, municipios o gobiernos para recaudar capital. Cuando compras un bono, le prestas dinero al emisor a cambio de pagos periódicos de intereses (pagos de cupones) y la devolución del valor nominal del bono (principal) en el vencimiento. Los bonos se consideran de menor riesgo que las acciones, pero normalmente ofrecen menores rendimientos.

Deuda garantizada: Tipo de préstamo respaldado por una garantía. La garantía es algo valioso que el prestatario posee, como una casa, un automóvil u otra propiedad. Si contratas un préstamo con garantía, aceptas que el prestamista pueda tomar la garantía, si no pagas el préstamo. Esto hace que los préstamos garantizados sean menos riesgosos para los prestamistas, por lo que a menudo vienen con tasas de interés más bajas. Ejemplos de deuda garantizada incluyen hipotecas y préstamos para automóviles.

Deuda no garantizada: Se refiere a un tipo de préstamo que no requiere garantía, se otorgan sobre la base de la solvencia del prestatario, que está determinada por factores como la puntuación de crédito, los ingresos y el historial de crédito. Debido a que no hay garantías, los préstamos sin garantía son más arriesgados para los prestamistas, lo que a menudo resulta en tasas de interés más altas. Ejemplos de deuda sin garantía incluyen la deuda con tarjetas de crédito, préstamos para la universidad y préstamos personales.

Diversificación: Consiste en una estrategia de gestión del riesgo que combina diversas inversiones dentro de una cartera. La lógica es que una cartera diversificada producirá, en general, mayores rendimientos y planteará menos riesgos que cualquier inversión individual que se encuentre en la cartera.

ETFs (Exchange–traded Funds): Los ETF son fondos de inversión que se negocian en las bolsas de valores, similares a las acciones. Poseen una colección de activos tales como acciones, bonos o materias primas y tienen por objeto seguir el rendimiento de un índice, sector o materia prima específicos. Los ETF ofrecen la diversificación de fondos mutuos combinada con la flexibilidad de negociación de las acciones, a menudo a un costo menor. Pueden ser comprados y vendidos a lo largo del día de negociación a precios de mercado, a diferencia de los fondos comunes de inversión, que tienen un precio al final del día de negociación.

Exoneración de impuestos: Los ingresos o transacciones libres de impuestos federales, estatales o locales.

Expectativa de vida: El período medio de vida que una persona puede esperar es un factor esencial en la planificación del retiro para garantizar que los ahorros duren durante toda la jubilación.

Fondo de inversión: Es un instrumento financiero que reúne el dinero de muchos inversionistas para comprar una cartera diversificada de acciones, bonos u otros valores. Administrados por gestores profesionales, los fondos comunes de inversión ofrecen a los inversionistas carteras diversificadas y una gestión profesional, a menudo a cambio de una comisión. Pueden ser gestionados activamente, cuando el gestor selecciona las inversiones, o bien gestionados pasivamente, como los fondos indexados que siguen un índice de mercado específico.

Fondos indexados: Un fondo indexado es un tipo de fondo común o de inversión bursátil (ETF) diseñado para replicar el rendimiento de un índice específico del mercado financiero, como el S&P 500, el Dow Jones Industrial Average o el NASDAQ-100. En lugar de seleccionar activamente valores individuales, un fondo índice invierte pasivamente en la totalidad o en una muestra representativa de los valores que componen el índice que supervisa. Este enfoque tiene por objeto obtener el mismo rendimiento que el índice: menos honorarios y gastos.

Impuestos diferidos: ganancias de inversión tales como intereses, dividendos o ganancias de capital que se acumulan libres de impuestos hasta que el inversor recibe los beneficios.

Inflación: Es la tasa a la que los precios generales de bienes y servicios suben, disminuyendo el poder adquisitivo de una moneda. Cada unidad monetaria compra menos bienes y servicios a medida que aumenta la inflación. La inflación se mide mediante diversos índices, siendo el índice de precios al consumo (IPC) y el índice de precios a la producción (IPP) los más utilizados

Interés compuesto: El interés sobre un préstamo o depósito calculado sobre la base del capital inicial y los intereses acumulados de períodos anteriores.

IRA (Individual Retirement Account): Cuenta de ahorro para jubilación que ofrece ventajas fiscales para el ahorro para jubilación en los Estados Unidos. Existen IRA tradicionales e IRA de Roth, cada uno con un tratamiento fiscal diferente.

IRA Roth: Un tipo de cuenta individual de retiro donde las contribuciones se hacen con dólares (luego de descontados los impuestos), y los retiros calificados son libres de impuestos.

Métrica: Medida cuantitativa para evaluar, comparar y hacer un seguimiento del rendimiento o de la situación. Las métricas son críticas en el análisis financiero, ayudando a los inversores, analistas y gerentes a tomar decisiones informadas. Pueden utilizarse para evaluar diversos aspectos de la salud financiera, como la rentabilidad, la eficiencia, la liquidez y la solvencia.

Pensión: Jubilación que se paga con regularidad, financiada por un fondo de inversión al que han contribuido el empleado y el empleador durante su vida laboral.

Plan 401(k): Muchos empleadores en los Estados Unidos ofrecen un plan de ahorro para la jubilación con ventajas tributarias, donde los empleados pueden contribuir con una parte de su salario antes de que se apliquen impuestos.

Plan 403(b): Un plan de ahorros para la jubilación disponible para los empleados de ciertas escuelas públicas, organizaciones exentas de impuestos y ministros (clero). Funciona de manera similar a un plan 401(k).

Plan de aportaciones definidas: Un plan de jubilación en el que el empleado, el empleador o ambos hacen aportaciones regularmente y la prestación final depende del rendimiento de las inversiones del plan.

Plan de beneficios definidos: Un plan de jubilación en el que un empleador promete un pago periódico de pensión, una suma global o una combinación de ambos al momento de la jubilación que está predeterminado por una fórmula basada en los antecedentes salariales del empleado, la permanencia en el servicio y la edad.

Planificación de la herencia: El proceso de organizar la administración de los bienes de una persona después de su muerte, incluyendo la gestión de cualquier deuda fiscal y garantizar que se cumpla la última voluntad del fallecido.

Renta: Un producto financiero que proporciona una corriente de pagos durante un período especificado, a menudo utilizado como estrategia de ingresos por jubilación.

Retorno: El rendimiento de una inversión, como los intereses o dividendos por la tenencia de un determinado valor.

Seguridad social: Programa federal que proporciona beneficios de jubilación, discapacidad y supervivencia a los trabajadores elegibles y sus familias. Se financia mediante impuestos sobre la nómina.

Tasa de retiro: El tipo de interés al que un jubilado extrae dinero de su cuenta de ahorro jubilatorio. Una regla común es la «regla del 4 %», que sugiere retirar el 4 % de la cartera de jubilación en el primer año de jubilación y ajustar por inflación después.

REFERENCIAS

7 steps to pay off debt and save for retirement. (23 de marzo de 2023). Principal. https://www.principal.com/individuals/build-your-knowledge/7-steps-pay-debt-and-save-retirement

7 things to know about long-term care insurance. (13 de noviembre de 2023). https://www.usbank.com/financialiq/plan-your-future/health-and-wellness/costs-and-benefits-of-long-term-care-insurance.html

10 Strategies to Maximize Social Security Benefits - SmartAsset | SmartAsset. (18 de agosto de 2023). https://smartasset.com/retirement/social-security-strategies

10 tips for maintaining retirement plans. (s.f.). https://www.usicg.com/publications/insightsarticles/compliance-legal/10-tips-for-maintaining-retirement-plans/

401(k) limit increases to $23,000 for 2024, IRA limit rises to $7,000 | Internal Revenue Service. (s.f.). https://www.irs.gov/newsroom/401k-limit-increases-to-23000-for-2024-ira-limit-rises-to-7000

An essential guide to building an emergency fund | Consumer Financial Protection Bureau. (s.f.). Consumer Financial Protection Bureau. https://www.consumerfinance.gov/an-essential-guide-to-building-an-emergency-fund/

Arfy Majeed. (s.f.). *Retirement book*. https://www.linkedin.com/pulse/how-audit-your-personal-finances-arfy-majeed

Ayoola, E. (24 de mayo de 2024). *5 Self-Employed Retirement Plans to consider*. NerdWallet.

https://www.nerdwallet.com/article/investing/retirement-plans-self-employed

Baldridge, R. (22 de noviembre de 2023). *Investment Risk Tolerance quiz*. Forbes Advisor. https://www.forbes.com/advisor/investing/investment-risk-tolerance-quiz/

Bank Rate. (s.f.). *Best Retirement Calculator – Calculate retirement savings*. Bankrate. https://www.bankrate.com/retirement/retirement-plan-calculator/

Benefits Planner: Retirement | Delayed Retirement Credits | SSA. (s.f.). https://www.ssa.gov/benefits/retirement/planner/delayret.html

Boyte-White, C. (14 de febrero de 2024). *How 401(k) Matching Works*. Investopedia. https://www.investopedia.com/articles/personal

-finance/112315/how-401k-matching-works.asp

Corp, S. F. (21 de febrero de 2024). *How to maintain an emergency fund during retirement*. Synovus. https://www.synovus.com/personal/resource-center/managing-your-finances/how-to-maintain-an-emergency-fund-during-retirement

Cussen, M. P. (5 de diciembre de 2023). *Donor-Advised Funds: the benefits and drawbacks*. Investopedia. https://www.investopedia.com/articles/managing-wealth/080216/donoradvised-funds-benefits-and-drawbacks.asp

Cussen, M. P. (16 de enero de 2024). *Tax-Efficient wealth transfer*. Investopedia. https://www.investopedia.com/articles/retirement/07/reduce-estate-tax.asp

Eneriz, A. (16 de mayo de 2024). *Debt Avalanche vs. Debt Snowball: What's the Difference?* Investopedia. https://www.investopedia.com/articles/personal-finance/080716/debt-avalanche-vs-debt-snowball-which-best-you.asp

Engen, R. (30 de enero de 2024). 6 Expert tips for Transitioning into Retirement Successfully. *Synchrony Bank.* https://www.synchronybank.com/blog/how-to-transition-into-retirement/

Estate Planning Guide and Checklist for 2024. (11 de junio de 2024). NCOA Adviser. https://www.ncoa.org/adviser/estate-planning/estate-planning-guide-checklist/

Fontinelle, A. (30 de marzo de 2024). *Real estate for retirement income: What to know.* Investopedia.

https://www.investopedia.com/articles/pf/12/income-property.asp

Friedberg, B. A. (7 de enero de 2024). *How to rebalance your portfolio*. Investopedia. https://www.investopedia.com/how-to-rebalance-your-portfolio-7973806

How to plan for rising health care costs. (21 de junio de 2023). Fidelity. https://www.fidelity.com/viewpoints/personal-finance/plan-for-rising-health-care-costs

How to structure your retirement portfolio. (s.f.). Schwab Brokerage. https://www.schwab.com/learn/story/structuring-your-retirement-portfolio

Investment options to generate income in retirement | U.S. Bank. (10 de abril de 2024). https://www.usbank.com/retirement-planning/financial-perspectives/investment-options-to-generate-retirement-income.html

James Royal, Ph.D. (6 de mayo de 2024). *Roth IRA conversion: Here's everything you need to know before converting*. Bankrate. https://www.bankrate.com/retirement/convert-to-roth-ira/

Julie.Vandedrink. (s.f.). The pros and cons of downsizing in retirement. *Edward Jones*. https://www.edwardjones.com/us-en/market-news-insights/retirement/downsizing-pros-cons

Kilham, A. (25 de agosto de 2022). *What Are Liquid Assets and How Do They Work?* sofi.com. https://www.sofi.com/learn/content/what-are-liquid-assets/

Kurt, D. (19 de abril de 2024). *Retirement annuities: Know the pros and cons*.

Investopedia.
https://www.investopedia.com/articles/retirement/121416/retirement-annuities-know-pros-and-cons.asp

Lifelong Learning |. (s.f.).
https://noncredit.temple.edu/lifelonglearning

Living Trust vs. Will: Key Differences. (20 de junio de 2024). NCOA Adviser.
https://www.ncoa.org/adviser/estate-planning/living-trust-vs-will/

Long-term care: Options and considerations. (15 de mayo de 2024).
https://www.fidelity.com/viewpoints/personal-finance/long-term-care-costs-options

Medicare & you. (s.f.). Medicare.
https://www.medicare.gov/medicare-and-you

Morningstar ratings 101. (s.f.). Morningstar, Inc.

https://www.morningstar.com/company/morningstar-ratings-faq

O'Shea, A., & Coombes, A. (21 de mayo de 2024). *Traditional IRA withdrawal rules*. NerdWallet. https://www.nerdwallet.com/article/investing/ira-distribution-rules

Palmer, B. (28 de febrero de 2024). *Mutual funds: Advantages and disadvantages*. Investopedia. https://www.investopedia.com/ask/answers/10/mutual-funds-advantages-disadvantages.asp

Peach, K. (Mayo, 2024). *Best retirement planning tools in 2024*. moneywise.com. https://moneywise.com/retirement/best-free-retirement-planning-tools

Peters, K. (27 de noviembre de 2023). *9 Asset classes for protection against inflation*.

Investopedia. https://www.investopedia.com/articles/investing/081315/9-top-assets-protection-against-inflation.asp

Physical activity for older adults: an overview. (22 de diciembre de 2023). Physical Activity Basics. https://www.cdc.gov/physical-activity-basics/guidelines/older-adults.html

Rapacon, S. (4 de abril de 2023). *8 Part-Time jobs retirees can do from home*. AARP. https://www.aarp.org/work/job-search/part-time-work-from-home/

Retirement topics: Catch-up contributions | Internal Revenue Service. (s.f.). https://www.irs.gov/retirement-plans/plan-participant-employee/retirement-topics-catch-upcontributions#:~:text=Individuals%20who%20are%20age%2050,a%20SIMPLE%20401(k))

Rodeck, D. (17 de mayo de 2023). *How to make an HSA part of your retirement Plan*. Forbes Advisor. https://www.forbes.com/advisor/retirement/hsa-heath-savings-account-retirement-planning/

Shah, P. (23 de noviembre de 2023). *How to create Google News alerts*. Android Police. https://www.androidpolice.com/google-news-alert-set-up-guide/

Shuman, T. (16 de mayo de 2024). *The best budgeting apps for Seniors*. SeniorLiving.org. https://www.seniorliving.org/finance/budgeting-apps/#:~:text=Budgeting%20apps%20like%20YNAB%2C%20EveryDollar,%20and%20PocketGuard%20can%20help%20you%20build%20a

%20budget%20and%20stay%20on%20track%20in%20retirement.

SMART Financial Goal Examples - SmartAsset | SmartAsset. (30 de mayo de 2023). https://smartasset.com/financial-advisor/smart-financial-goal-examples

Tax-savvy withdrawals in retirement. (25 de abril de 2023). https://www.fidelity.com/viewpoints/retirement/tax-savvy-withdrawals

Team, I. (15 de marzo de 2024a). *Roth vs. Traditional IRA: Which Is Better for You?* Investopedia. https://www.investopedia.com/retirement/roth-vs-traditional-ira-which-is-right-for-you/

Team, I. (16 de mayo de 2024b). *What is a pension? Types of plans and taxation*. Investopedia.

https://www.investopedia.com/terms/p/pensionplan.asp

The National Council on Aging. (s.f.). https://www.ncoa.org/article/what-are-the-top-3-payment-scams-targeting-older-adults

Treece, K. (17 de mayo de 2021). *How to check your credit Score*. Forbes Advisor. https://www.forbes.com/advisor/credit-score/how-to-check-your-credit-score/

Treece, K. (12 de febrero de 2024). *Reverse mortgage reviews: Is it a rip off or a good idea?* Forbes Advisor. https://www.forbes.com/advisor/mortgages/is-reverse-mortgage-a-rip-off-or-good-idea/

Understanding annuities. (16 de abril de 2024). https://www.fidelity.com/learning-center/personal-finance/retirement/what-is-an-annuity

Volunteering helps keep seniors healthy, new study suggests. (s.f.). AmeriCorps. https://americorps.gov/newsroom/press-releases/2019/volunteering-helps-keep-seniors-healthy-new-study-suggests

Wealth, A. (14 de marzo de 2024). *How market performance can impact your retirement planning*. Avior Wealth Management. https://avior.com/insights/wealth-management/retirement-planning/how-market-performance-impacts-retirement-planning/

Webber, M. R. (27 de octubre de 2023). *How to Evaluate Your 401(k) Options*. Investopedia. https://www.investopedia.com/evaluate-401-k-options-5545844

What Are Liquid Assets and How Do They Work? (s.f.). sofi.com.

Williams, B. (2023). How to avoid emotional investing when markets are volatile. In *Insights*. https://www.ssga.com/library-content/pdfs/etf/us/how-to-avoid-emotional-investing-when-markets-are-volatile.pdf

Williams, C., CPWA®. (2022). Tax-Efficient Withdrawal Strategies. In *https://www.schwab.com/public/file/P-13005058*.

Wisconsin Office of the Commissioner of Insurance. (2023). *Consumer's Guide to Understanding Annuities*. https://oci.wi.gov/Documents/Consumers/PI-214.pdf

Motley Fool Wealth Management. (9 de enero de 2024). Asset allocation models and the Foolish Approach | Fool wealth. *Motley Fool Wealth Management*.

https://foolwealth.com/insights/asset-allocation-models-and-the-foolish-approach

Christian, R. (15 de marzo de 2024). *How much money should you have before hiring a financial advisor?* Bankrate. https://www.bankrate.com/investing/financial-advisors/money-for-a-financial-advisor/#alternatives-to-financial-advisors

Kagan, J. (25 de mayo de 2022). *Umbrella Personal Liability Policy: what it is, how it works*. Investopedia. https://www.investopedia.com/terms/u/umbrella-personal-liability-policy.asp

Goldberg, M. (28 de mayo de 2024). *The best health savings account (HSA) providers of 2024*. Bankrate. https://www.bankrate.com/banking/savings/best-health-savings-accounts/

Waggoner, J. (6 de junio de 2024). *Estimate your RMD using our required minimum distribution calculator*. AARP. https://www.aarp.org/retirement/required-minimum-distribution-calculator/?cmp=KNC-DSO-COR-Core-Retirement-NonBrand-Exact-52328-GOOG-RETIREMENT-MinimumDistributionCalculator-Exact-NonBrand&gad_source=1&gclid=Cj0KCQjwsuSzBhCLARIsAIcdLm6DL6QUaqC5CtGzJg9eWsJ41MUIS3taMQ6irfAR2ZoziB-UeNi94RoaAmn6EALw_wcB&gclsrc=aw.ds

Gilbertson, S. (28 de abril de 2024). 9 Best Password Managers (2024): Features, pricing, and tips. WIRED. https://www.wired.com/story/best-password-managers/

Winters, M. (25 de junio de 2024). *Here's how much money Americans have in their 401(k)s at every income level—see how you compare.* CNBC. https://www.cnbc.com/2024/06/25/how-much-money-americans-have-in-401ks-at-every-income-level.html

New AARP survey: 1 in 5 Americans ages 50+ have no retirement savings and over half worry they will not have enough to last in retirement. (s.f.). MediaRoom. https://press.aarp.org/2024-4-24-New-AARP-Survey-1-in-5-Americans-Ages-50-Have-No-Retirement-Savings

Costa, B. M. (8 de septiembre de 2023). What's the Median Retirement Savings by Age? *Money Matters Work and Retirement.* https://www.synchronybank.com/blog/median-retirement-savings-by-age/

Fidelity: healthcare. (s.f.).

https://communications.fidelity.com/wi/tools/retire
ment-health-care/

Made in United States
North Haven, CT
04 November 2026

21769518R00111